Z'azimut

Une passe difficile

• SIX HISTOIRES DE RUGBY •

FLEURUS

www.editionsfleurus.com

Collection dirigée par Christophe Savouré
et animée par Emmanuel Viau

Direction artistique : Armelle Riva, Dominique Bon
Édition : Danielle Védrinelle

15/27 rue Moussorgski, 75018 Paris
Dépôt légal : mars 2007
ISBN : 978 2 215 05464 1

Loi n° 49-956 du 16 juillet 1949 sur les publications destinées à la jeunesse.

Sommaire

Une passe difficile

Une passe difficile

de Pascale V d'Auria
illustré par Jean-Louis Marco

Il faisait une chaleur épouvantable sur la place de l'hôtel de ville de Saint-Étienne de Baigorri. De mémoire de villageois, on n'avait pas vu depuis longtemps une fin de juillet aussi étouffante dans tout le Pays basque. Assis à la terrasse du café en face de la mairie, Michel Lartigues poussa un soupir.

– Jérôme ! Tu me sers un autre diabolo ?

– Tout de suite, m'sieur Lartigues.

Le propriétaire du bar s'exécuta sur le champ.

– Et voilà pour notre grand entraîneur, annonça-t-il, courbette en prime.

– Toujours pas sortis ?

Michel Lartigues s'épongea le front puis remua la tête de gauche à droite. Non, ils n'étaient toujours pas sortis. Ses doigts se mirent à tapoter le plateau de la table en fer.

– Ils en mettent du temps, fit remarquer Alice, la copine du barman.

– C'est qu'ils doivent avoir des choses à se dire, grommela Étienne l'épicier.

– Un peu de patience, dit le Père Barthélémy. Ils finiront bien par venir…

Michel Lartigues garda le silence. Colosse au visage d'airain, il ne lâchait pas du regard le complexe sportif.

– Et alors cette retraite, reprit à son intention le Père Barthélémy qui ne restait jamais muet très longtemps, ça se présente comment ?

– Ça se présente… répondit l'autre, laconique, laissant indifféremment sa phrase en suspens.

Car Michel Lartigues, l'entraîneur des juniors du club de rugby, était plutôt du genre taiseux. Ex-entraîneur en fait, puisqu'il avait pris sa retraite à la fin du mois précédent. Quand on mesure 1,92 mètre pour 110 kilos comme c'était en l'occurrence son cas, les longs discours ne servent à rien : on se fait vite comprendre. À Saint-Étienne de Baigorri, Lartigues, ancien pilier en Fédérale 1, était incontestablement plus écouté que le Père Barthélémy, et bien plus populaire que Gaston Cazenave, le maire du village pourtant déjà fort apprécié. Se serait-il porté candidat aux élections municipales qu'il l'aurait emporté haut la main.

– Ils arrivent, hurla brusquement Corinne la boulangère en déboulant au coin de la rue.

Elle brandissait son portable et roulait des yeux aussi ronds que ses chouquettes. Un murmure de satisfaction générale accueillit la nouvelle tandis qu'au même moment, un groupe d'une vingtaine de jeunes gaillards apparaissait à l'angle de l'hôtel de ville. Michel Lartigues suspendit le tapotement de ses doigts contre la table.

– Eh bé alors, leur cria-t-il, ça s'est passé comment ?

Les jeunes vinrent se placer autour de lui, la mine mi-figue mi-raisin.

– Eh bé… commença Cyril Labourdette, le plus costaud d'entre eux, taillé comme une armoire à glace. Ça s'est passé…

– Oui, mais comment ? insista Lartigues, un début d'exaspération dans la voix. Je suis votre ancien entraîneur, j'ai le droit de savoir. Vous pourriez être plus bavards !

La remarque fit sourire les clients, contrairement aux garçons qui baissèrent tous le nez : même retraité, Lartigues continuait d'exercer sur eux son autorité naturelle.

– Comment il est ?

« Il » c'était Jean Abadie, leur nouvel entraîneur, un ancien du Stade Toulousain dont la carrière avait brusquement pris fin suite à une mauvaise blessure. Lartigues avait en mémoire la redoutable efficacité de son jeu. En le perdant, Toulouse avait perdu un grand joueur. Par la suite, Abadie s'était reconverti dans la formation, notamment des juniors. Michel Lartigues ne le connaissait pas personnellement mais il l'avait contacté pour lui proposer de reprendre sa place à l'US Nafarroa. L'ancien Toulousain n'avait pas hésité longtemps. Le club était né quelques années plus tôt de la fusion entre l'US Garazi et l'US Baigorri et il venait de remporter le titre de champion de France de rugby en Fédérale 2. Cette année, il passait en Fédérale 1 ! Rien que ça... Même si le défi à relever était énorme, une telle place ne se refusait pas.

Lartigues avait confiance en son choix. Et s'il avait préféré ne pas assister au premier entraînement, c'était avant tout pour ne pas gêner son successeur. La crainte d'une certaine nostalgie n'était sans doute pas à exclure non plus.

Soudain l'arrière Yannick Etcheberne se racla la gorge.

– Ben... m'sieur Abadie ne nous a pas dit grand-chose, alors c'est difficile de savoir.

Les clients s'étaient approchés.

– Comment ça « pas dit grand-chose » ?

– Vous êtes l'espoir de tout le Pays basque !

– Un entraîneur, c'est pas fait pour parler ! s'emporta Lartigues. Vous n'êtes tout de même pas restés une heure et demie à vous regarder dans le blanc des yeux ?

– Ben non, bien sûr, s'exclamèrent les vingt garçons, cette fois unanimes.

– On a travaillé les chandelles, les tirs au but, les drops aussi.

– On a passé un long moment sur le placage.

– Vous me rassurez, marmonna l'ex-entraîneur.

Pourtant, au fond de lui, quelque chose le tracassait : François Haristoy, son capitaine d'équipe qu'il suivait attentivement depuis une dizaine d'années, n'était pas là. Il misait gros sur lui. Où était-il passé ? Il s'apprêtait à poser la question lorsqu'il l'entraperçut plus loin qui filait d'un pas rapide dans la direction opposée. Alice le remarqua au même moment.

– Hé François ! Tu nous snobes, lança-t-elle.

– Tournée de chouquettes gratuites ! proposa Corinne à la cantonade. Ça ne t'intéresse pas ?

– Pas faim, merci, répondit le jeune homme sans se retourner.

Il accéléra même son allure, comme s'il les fuyait. Michel Lartigues se retint de le rattraper.

– Qu'est-ce qui lui arrive ? s'interrogea-t-il à voix haute.

– C'est peut-être dû à cette chaleur, hasarda Yannick Etcheberne.

– Des fois qu'il serait amoureux, suggéra Jérôme.

Les joueurs échangèrent un regard incrédule : François Haristoy amoureux ? Peu probable. Ils en auraient forcément entendu parler.

– Bon alors et ces chouquettes, ça vient ? s'exclama soudain Adrien Loustaunau, invariablement numéro 8 sur le terrain. Les entraînements, ça creuse. J'ai faim moi !

– Les chouquettes ! Les chouquettes ! reprirent en chœur ses copains.

Le rugby apprenait à jouer ensemble : étroitement liés les uns aux autres, on évoluait sur un terrain où chacun avait sa place et son importance. Au quotidien, ce comportement continuait de tenir lieu de règle, et on faisait bloc comme dans la mêlée. Pas question de blablater sur un membre de l'équipe, surtout en son absence. Solidarité oblige.

La boulangère éclata de rire.

– Bande de morfals ! J'espère que j'en aurai assez !

Quand François appuya le front contre la vitre de sa chambre, il frissonna : elle était glacée. Un froid de canard régnait dehors, qu'il lui faudrait affronter dans une heure. Entraînement. Le dernier avant les fêtes de Noël.

Cinq mois déjà qu'il côtoyait Jean Abadie. Une éternité quand on ne parvient pas à cerner quelqu'un. Qui était-il ? Pour le jeune homme, la réponse était claire : antipathique et peu communicatif ! Un comble pour un entraîneur de rugby. Rien à voir avec Lartigues qui avait toujours eu les faveurs du club. Oh, bien sûr, on ne rigolait pas non plus tous les jours avec lui. Mais du moins savait-on à quoi s'en tenir : épaulés dans les moments critiques où la confiance se perd ; secoués quand on se relâche, trop sûrs de soi. Et quand, à l'issue d'un match victorieux, on hurlait ensemble sa joie, Lartigues s'en tirait invariablement avec une extinction de voix pour la semaine.

François adorait Lartigues et lui téléphonait fréquemment avant. Plus exactement : avant l'arrivée de Abadie à l'US. Parfois, presque pour rien. Michel savait toujours lui prêter une oreille attentive. En fait, l'homme faisait presque partie de la famille : il avait entraîné autrefois le père de François, Bernard, trois-quarts centre comme le grand-père, Joseph. Car, chez les Haristoy, le rugby se transmettait de génération en génération. Puis, quand un cancer foudroyant avait emporté Bernard quelques mois seulement après la naissance de François, Michel avait fait preuve d'un grand soutien moral dont la mère du garçon lui savait toujours gré.

Mais aujourd'hui les choses avaient changé. En choisissant Abadie, Lartigues s'était peut-être trompé. Or avouer une chose pareille était extrêmement délicat et le garçon préférait désormais éviter les coups de fil. Et puis, l'envie de s'en sortir seul le titillait : l'ancien entraîneur menait aujourd'hui une vie de retraité et il était temps de couper le cordon. Il n'était plus un poussin depuis belle lurette !

Le garçon poussa un soupir. En cinq mois, son inquiétude n'avait cessé de grandir. Son regard se perdit sur les murs de sa chambre tapissés de posters du Biarritz Olympique, son équipe fétiche. Le radio-réveil indiquait qu'il lui restait encore une demi-heure. Tant mieux.

Il tira son sac de l'armoire, bourra chaussures et chaussettes dans la poche latérale avec un manque d'entrain évident. Après l'entraînement, Jean Abadie ferait le point sur l'équipe. Les joueurs avaient été prévenus depuis la semaine dernière. Premier bilan. Allergique aux compliments, il n'en ferait pas. C'était une évidence. Il allait plutôt les broyer à la moulinette de ses critiques, tous, les uns après les autres, et personne n'y échapperait. François sentit son ventre se nouer.

Pourtant le début de saison n'avait pas été catastrophique, loin de là. Pas d'obtention de chelem, d'accord, mais ils s'étaient bien défendus : 18 à 7 contre Tyrosse, 20 à 15 contre Mauléon, 14 à 11 contre Blagnac, 16 à 10 contre Fleurance, match nul à Saint-Paul. Le calamiteux 11 à 28 contre l'AS Vauréenne avait des excuses : la moitié de l'équipe était malade et François avait accumulé les tirs sur le poteau.

De toute façon, gagnants ou perdants, ils essuyaient toujours les mêmes reproches : manque de cohésion et frilosité.

« Vous ne jouez pas suffisamment ensemble ! »

Abadie n'en démordait pas. Alors il composait différemment l'équipe. En vain. Car, plus il changeait, plus il désorientait ses joueurs. François, par exemple, avait l'habitude de jouer 10, demi d'ouverture. Son potentiel était dans ce poste, il en avait l'intime conviction. Eh bien, Abadie l'avait désigné numéro 11 contre Saint-Paul – il n'était pas le meilleur attaquant, loin de là – et troisième ligne aile contre l'AS Vauréenne alors qu'Alexandre Pucheu était imbattable à ce poste !

Pourquoi ces changements ? Un jour, quelqu'un s'était hasardé à lui poser la question.

« Pour vous faire les pieds, avait-il rétorqué d'un ton sec et hautain. Je ne veux pas d'une équipe de momies. »

Il n'avait de mots aimables pour personne, et la formulation de ses – rares – félicitations était toujours tordue : « Pour une fois que vous êtes moins mauvais que d'habitude… »

De toutes les momies dont Abadie avait la charge, François était sans doute celle qui l'exaspérait le plus. « Dégage en touche ! Tire au pied ! Lâche ce ballon ! » Constamment sur son dos, il épiait le moindre de ses mouvements, décortiquait chacune de ses actions. Le jeune homme avait surtout l'impression d'être son souffre-douleur, impression qui remontait d'ailleurs à leur première rencontre, en juillet dernier : à l'inverse des autres, il n'avait raté aucun essai mais Abadie n'avait fait aucun commentaire. Au contraire, il avait réagi par un vague sourire, légèrement méprisant.

«Qui aime bien, châtie bien», avait répondu sa mère.

C'était sa façon à elle de voir les choses. Il venait de faire allusion aux difficultés qu'il rencontrait avec le successeur de Lartigues. Du coup, la confidence s'était arrêtée là.

En cherchant son short et son maillot dans le tiroir du lit, il remarqua le journal qu'il avait commencé d'écrire l'année de ses douze ans. Un bail qu'il n'y avait pas touché. Il s'assit par terre et l'ouvrit.

Le dernier compte rendu remontait au mois de juin dernier, date de la victoire de son équipe en championnat. Dans les pages précédentes étaient collés des articles de journaux découpés dans *L'Équipe*, exclusivement des commentaires de matchs, surtout ceux du Biarritz Olympique, tous annotés de ses propres remarques. Quelques photos de ses idoles complétaient l'ensemble. Des héros d'hier: le pilier néo-zélandais Wilson-Whineray, l'arrière Serge Blanco, le troisième ligne et capitaine français Jean-Pierre Rives, le centre Philippe Sella… Les stars d'aujourd'hui étaient artistiquement disposées en une ronde ovale, allusion au ballon. Essentiellement des joueurs de Biarritz mais aussi de Toulouse, Perpignan et Paris. Le journal s'arrêtait aux trois quarts du cahier. Sauf qu'à la dernière page, il avait tracé un rectangle en attente d'une photo. Pourquoi pas la sienne? Depuis longtemps, il caressait le rêve de devenir professionnel. Avec les années, le désir s'était accru. Et si, un jour, il devenait champion à son tour ? Du temps de Michel, il y croyait dur comme fer. Aujourd'hui et malgré son évidente mésentente avec Abadic, il ferait tout pour y parvenir.

Il réalisa soudain qu'il ne lui restait plus que deux minutes pour boucler son sac, ajouta en vitesse le reste de son équipement et arracha l'anorak de son armoire.

– Tu n'as pas l'air très en forme, fit remarquer sa mère en relevant le nez de ses cahiers.

Son institutrice de mère n'avait jamais refait sa vie. « Trop accaparée par les enfants » prétendait-elle. C'est elle qui l'avait inscrit chez les poussins : elle le trouvait taciturne. Dès sa première année de rugby, il s'était fait plein de copains. Ouverture sur le monde et découverte de l'amitié. De ce point de vue-là, elle avait eu rudement raison.

En l'embrassant, elle lui glissa à l'oreille :

– Quand on traverse une passe difficile, on finit toujours par s'en sortir. Ne l'oublie pas.

« Une passe difficile », l'expression était drôle, commune au sport et à la vie. Pourtant il ne sourit pas et s'éloigna sans rien dire. Une humidité glacée l'accueillit sur le trottoir. Machinalement, il dirigea ses pas vers le stade, le nez enfoncé dans le col de son anorak. Joyeux Noël ! Il n'y aurait pas de cadeau cette année à l'US Nafarroa. Le Père Noël s'était barré et ils avaient hérité d'un père fouettard !

– Tout le monde est là ?

Du haut du marchepied de l'autobus, Jean Abadie passa son équipe en revue. Visage fermé comme à son habitude.

– Non ! il manque Haristoy.

– Quelqu'un l'a vu, ce matin ?

Soudain très agacé, l'entraîneur consulta sa montre.

– On part dans cinq minutes. S'il ne vient pas d'ici là, tant pis. On se passera de lui.

– On pourrait peut-être l'appeler, suggéra à voix basse Colin Larrieu, le meilleur talonneur du groupe.

Abadie fit mine de ne pas entendre et se tourna vers Raphaël Cazenave, le plus jeune joueur de l'US, et accessoirement le petit-fils du maire.

– Tu le remplaceras.

– Bien m'sieur, souffla le garçon qui avait du mal à s'en remettre.

Il avait assez peu joué jusqu'ici et prendre la suite de l'excellent François Haristoy n'était pas une mince affaire. Un lourd silence s'ensuivit.

Tout à coup, Julien Hourcade tendit le bras :

– Il arrive m'sieur !

En effet, François venait de surgir au coin de la rue et galopait ventre à terre.

– Je m'excuse m'sieur, j'ai super mal dormi, expliqua-t-il, l'air parfaitement hagard. Pas entendu mon réveil ce matin…

– On venait de te trouver un successeur, siffla l'entraîneur.

Il se tourna vers les autres :

– On y va les gars ?

Ils rencontraient aujourd'hui le CA Périgourdin pour un match retour. Temps exécrable avec une alternance de pluie et d'éclaircies, comme tout bon mois de mars qui se respecte. Les arbres que le maire avait fait planter près du stade se couvraient de bourgeons. Il restait encore quelques semaines à l'US Nafarroa avant la fin de la saison pour prouver au public que son passage en Fédérale 1 ne devait rien au hasard.

Jean Abadie les regarda monter les uns après les autres. L'image du berger comptant ses moutons – à moins que ce ne fût celle du loup – traversa l'esprit de François. Le garçon grimpa en dernier, la mine maussade.

– J'ai réfléchi, annonça tout à coup l'entraîneur tandis qu'il arrivait à son niveau. On va changer de capitaine. À partir de maintenant, c'est Julien Hourcade qui prendra ta place.

François se raidit, stupéfait.

– C'est préférable pour tout le monde. Tu es d'accord ?

Puis, se tournant vers l'intérieur du car, il hurla :

– T'as compris Hourcade ?

La nouvelle tomba comme un coup de massue et les joues du garçon qu'il venait de désigner s'embrasèrent.

– Oui m'sieur, chevrota-t-il.

– Alors tu te mets à côté de moi : j'ai deux-trois choses à te dire.

– Bien m'sieur.

François lui envoya une bourrade amicale dans le ventre tandis qu'il passait à côté de lui.

– Félicitations, tu le mérites : tu es cent fois plus charismatique que moi.

Chacun prit place, le chauffeur actionna la fermeture des portes, et François fila s'allonger sur la banquette du fond. Il voulait être seul.

– Dors pas trop longtemps, on aura encore besoin de toi tout à l'heure ! lâcha Abadie, plus pince-sans-rire que jamais.

Le garçon enfonça son nez dans le dossier du siège. Le chauffeur démarra. Ils avaient environ quatre heures de route jusqu'à Périgueux. Debout à l'avant du car, Abadie exposa ses dernières recommandations :

– Je rappelle le score du match aller : 17 à 23 pour le CA Périgourdin. Pas fameux. Faut prendre votre revanche les cocos ! Pas contre eux... contre vous-mêmes ! Cette victoire, il nous la faut !

Cette année, en première saison, l'équipe du CA Périgourdin avait rarement été tenue en échec.

– Vive l'US Nafarroa, s'enflamma alors Cyril Labourdette.

– Vive l'US Nafarroa, reprirent les autres en se jurant d'être à la hauteur.

François se pelotonna sur sa banquette. S'il avait mal dormi cette nuit, c'était à cause de Jean Abadie.

Ou plutôt de sa mère. Enfin, disons que c'est en parlant de l'un qu'il s'était disputé avec l'autre. La scène avait eu lieu pendant le repas, le seul moment où sa mère lui prêtait généralement de l'attention. Et comme elle demandait des nouvelles du club, il s'était cru autorisé à lâcher ce qu'il avait sur le cœur. C'est alors qu'elle l'avait interrompu d'un sourire narquois :

– Tu exagères…

– Abadie ne m'aime pas !

– Comment le sais-tu ? On peut avoir une nature bourrue sans être un sale type pour autant. Je te rappelle que Lartigues n'était pas un modèle d'amabilité non plus.

– Il trouve que je ne m'investis pas assez. Il dit aussi que je me repose sur mes lauriers.

– Tu voudrais qu'il t'applaudisse ?

– Quand je m'en sors bien, pourquoi pas ! À cause de lui, je me pose plein de questions.

– Ça, c'est plutôt positif.

– Tu m'énerves à vouloir le défendre. Il va finir par me dégoûter du rugby. C'est ça que tu veux ?

À ce moment-là, les yeux de sa mère s'étaient remplis de larmes. Elle avait marqué un temps d'arrêt avant de répondre, au bord du sanglot :

– C'est surtout ton père qui serait déçu !

Elle s'était levée puis avait disparu en direction de sa chambre. Ce matin, quand François avait quitté la maison, elle n'avait toujours pas reparu.

Finalement le jeune homme s'assoupit, bercé par le ronflement du moteur.

– On est arrivés, vint le prévenir Julien Hourcade en le secouant doucement.

François jeta autour de lui un regard hébété.

– Déjà ?

Jean Abadie lança une dernière pique à ses joueurs :

– Eh les gars, n'oubliez pas d'être bons pour une fois !

Quand l'US Nafarroa pénétra sur le terrain, la pluie venait tout juste de s'arrêter et un petit vent frais s'était mis à souffler.

– Ça vous tiendra éveillés, bougonna l'entraîneur.

François prit évidemment la remarque pour lui.

L'arrivée des arbitres fut saluée par un tonnerre d'applaudissements. Puis les joueurs se rangèrent en ligne, bras ballants ou noués dans le dos, dans l'attente fébrile du coup d'envoi.

De son côté, Abadie ne quittait pas François des yeux et, détail surprenant, paraissait étonnamment anxieux. Du jamais vu pour cet homme au visage d'ordinaire impassible.

Tout à coup l'arbitre siffla le début du jeu. Les encouragements des supporters redoublèrent alors dans les tribunes. On allait enfin pouvoir se déchaîner sur les bancs comme sur la pelouse. Mais la déception s'installa rapidement : les joueurs ne parvenaient pas à trouver leurs marques et une morosité certaine domina bien vite toute la première période. Le CA Périgourdin, d'habitude plus défensif qu'attaquant, se montrait prudent et tentait peu d'essais. L'US, quant à elle, manquait de maîtrise et perdait souvent le ballon. À la fin de la première période, le score était très serré : 8 à 7 en faveur du CA, qui avait marqué sur un essai et un coup de pied de pénalité, contre un essai d'Alexandre Pucheu transformé par François pour l'US. En somme, rien de renversant pour les deux équipes. À la fin de la première mi-temps, tout restait à faire.

Julien Hourcade appréhendait la réaction de l'entraîneur, à juste titre.

– Qui est-ce qui m'a fichu une bande d'empotés pareils !

Langage fleuri. Ça commençait fort.

– Vous vous êtes vus ? Non mais, vous vous êtes vus ? Mous, dispersés, nuls !

Arpentant furieusement le vestiaire, l'homme s'arrachait les cheveux. Si la situation n'évoluait pas en leur faveur, il serait sûrement atteint de calvitie d'ici la fin du match.

– Le nombre d'erreurs que vous faites… Même en F2, ils en font moins !

Naturellement Hourcade ne fut pas épargné.

– Toi un capitaine d'équipe ? Un meneur d'opérette plutôt !

Du haut de son mètre quatre-vingt-six et de ses cent trois kilos, le pauvre garçon n'en menait pas large. D'ailleurs, autour de lui, personne ne pipait mot, formulant en secret le même vœu : vivement qu'on y retourne !

– Montrez-leur ce que vous avez dans le ventre, bon sang ! Mettez-les à genoux ! ÉPATEZ-LES !

Tout à coup le regard de Jean Abadie se fit lumineux. Le ton de sa voix trahit sa rage de vaincre, la conviction qu'il pouvait croire en eux. Épater les adversaires ? Tout à coup les joueurs s'en crurent capables. Ils reprirent le match gonflés à bloc.

Leurs premières actions furent particulièrement offensives : François marqua un essai à la troisième minute. 12 à 8 pour l'US, qui passa immédiatement à 14 grâce à la transformation réussie de Yannick Etcheberne. Hourrah ! Ils prenaient la tête. Le savon faisait son effet. Abadie brandit victorieusement le poing.

L'enchantement fut hélas de courte durée. Peu de temps après se forma un maul. La balle était dans le camp adverse, précisément entre les mains du numéro 7. Le numéro 13 se dégagea pour tenter de la récupérer. Le 7 fit la passe, le 13 intercepta. François tenta alors de plaquer ce dernier et l'agrippa près du cou. Une pratique dangereuse pour le joueur, donc fortement interdite. Le verdict ne se fit pas attendre longtemps : l'arbitre siffla la faute. Le 13 se massait les cervicales en grimaçant. François fut sommé de quitter le terrain, et un coup de pied de pénalité fut accordé à Périgueux. Le capitaine de l'équipe choisit son ailier gauche pour tirer. La balle passa entre les poteaux, ce qui ramena le score à 11-14. La partie était véritablement serrée.

Dans le feu de l'action, l'adversaire avait rejeté la tête en arrière, frappant violemment François à l'arcade sourcilière. Le garçon avait le visage en sang et titubait, à deux doigts de l'évanouissement.

– Ça ira, vieux ? lui hurla Julien Hourcade.

Le médecin accourait avec sa trousse de secours, Jean Abadie sur les talons, la mine plus sinistre que jamais.

– Tu dors aussi quand j'explique les placages ?

– Je ne me sens pas bien, balbutia François avant de se laisser tomber sur la pelouse, le visage livide.

Le médecin fronça le sourcil.

– Je pense qu'il serait préférable qu'il ne reprenne pas le match.

Se tournant alors vers le banc des remplaçants, Jean Abadie beugla :

– Cazenave, tu prends sa place !

François Haristoy était en train de songer avec douleur à sa mère qu'il n'avait pas embrassée ce matin. Brusquement, il éprouva le besoin de se blottir contre elle.

Au même moment, il se remit à pleuvoir des cordes.

Le résultat du match retour du CA Périgourdin contre l'US Nafarroa fut finalement moins catastrophique que ne l'avait craint Jean Abadie : 23 à 21 en faveur de son équipe. Certes ses joueurs avaient gagné de très peu, mais cette nouvelle victoire les rapprochait d'une sélection en demi-finale. Il grognassait de plaisir :

– Vous ne vous en sortez pas trop mal et votre public n'a pas à rougir de vous. C'est déjà ça.

Il évoquait la honte du public, pas la sienne bien sûr, et les défaites de ses joueurs affectaient les supporters, pas lui évidemment. On ne refaisait pas Jean Abadie... François s'en était tiré avec un éclatement de l'arcade sourcilière et un gros hématome sur la moitié du visage. Plus de peur que de mal en somme.

À l'US Nafarroa, les entraînements reprirent, plus enthousiastes que jamais. Mai arriva très vite et il ne resta bientôt plus que deux mois avant la fin de la saison. « Deux mois de travail intensif » était devenu le slogan favori du moment.

Il y avait pourtant une ombre au tableau idyllique de cette équipe montante : François Haristoy se faisait de plus en plus rare. C'était généralement Raphaël Cazenave qui jouait numéro 10 à sa place, poste où il se révélait par ailleurs en progrès constants.

D'abord, François s'était remis très lentement de sa blessure, prétextant maux de tête et troubles de la vue. Or le médecin de l'équipe était formel : les radios ne signalaient rien d'anormal. Ensuite, il s'était fait une déchirure à la cuisse qui, soi-disant, l'empêchait de courir à cause de la douleur lancinante qu'elle lui occasionnait. Même perplexité du médecin qui n'y voyait qu'une élongation de type bénin. Alors de quoi souffrait réellement le garçon?

À présent, en dehors des heures de lycée, il restait le plus souvent enfermé chez lui. Ses copains de rugby venaient régulièrement prendre de ses nouvelles et causer des derniers potins de l'US. Ils lui rapportaient surtout les plus drôles. Mais François ne riait jamais longtemps : très vite son regard se voilait et les gars s'arrangeaient alors pour changer de sujet. Une fois, ils lui avaient passé le bonjour de Jean Abadie et une moue amère était venue déformer ses traits :

– Qu'est-ce qui lui prend? Il s'intéresse à moi subitement?

– Allez, laisse tomber la haine. Il n'est pas si mauvais dans le fond...

– Vous êtes de son côté, c'est ça? Vous faites fausse route. Franchement, je vous plains!

Un soir, il avait profité de l'absence de sa mère, retenue par une réunion à l'école, pour décrocher le téléphone. Il voulait parler à Michel... Michel Lartigues. Il était tombé sur le répondeur.

Vous êtes bien chez Michel et Janine. Nous sommes en voyage au Kenya. Merci de nous laisser votre message.

Il avait raccroché. Bon safari! Décidément, il ne s'était jamais senti aussi seul de sa vie.

Le soir de la rencontre Biarritz-Toulouse, il décida enfin de sortir de chez lui. À Saint-Étienne de Baigorri, les rencontres historiques de rugby se regardaient dans le bar de Jérôme, sur un téléviseur à écran géant. Quand il entra dans la salle, il se fit un grand silence.

– Eh bé ! François…

Puis les langues se délièrent peu à peu.

– Ça fait un bail qu'on t'a pas vu !

Il y avait le maire, Corinne et son mari Loulou, Alice bien sûr et Étienne l'épicier. Bref, le clan des habitués au grand complet, tous franchement surpris – presque penauds – de n'avoir pas prévu la visite du jeune homme. Brusquement, Alice le saisit par les épaules et l'entraîna énergiquement dans un coin de la salle.

– Eh bé, assieds-toi ! Raconte-nous. Et alors, le rugby ?

Ils avaient des têtes de conspirateurs. Seul Jérôme était resté au bar et passait un coup de fil à voix basse. Ahuri, François les regarda les uns après les autres.

– Ben... ça va. Et vous ?

– Oh, ça va !

Quelques minutes plus tard, Jean Abadie fit son apparition dans le café. Envolée de moineaux : le jeune homme fut abandonné sur-le-champ.

– Tournée du patron, décréta Jérôme au même moment. Ça vous intéresse ?

François se leva précipitamment. Finalement, il n'avait pas soif, merci. Il regarderait le match chez lui. La rencontre ne débutait que dans une heure, il avait largement le temps de rentrer. Mais Abadie le retint par le bras.

– Reste, j'ai à te parler.

Subitement les habitués qui avaient regagné le

comptoir, affichèrent un air faussement désintéressé. François se rassit mollement et l'entraîneur prit place en face de lui.

– Ta mère s'inquiète pour toi. Elle m'a appelé récemment.

Le garçon lança un regard furieux en direction de Jérôme et de ses acolytes.

– Apparemment, elle n'est pas la seule à utiliser le téléphone...

L'homme l'interrompit.

– François, j'ai besoin de comprendre.

C'était la première fois qu'il l'appelait par son prénom. Le jeune rugbyman sursauta et baissa la tête, méfiant. Puis la sensation qu'il perdait pied l'envahit.

– Je n'ai plus confiance en moi, avoua-t-il la voix rauque. Impression de stagner. Me demande si je suis fait pour le rugby.

Jean Abadie tendit alors ses bras par-dessus la table. Geste époustouflant de la part de celui qui passait souvent pour « l'entraîneur mal léché du rugby » ou encore « l'ours de Nafarroa ».

– L'US Nafarroa a besoin de toi, François, lâcha-t-il tandis qu'il saisissait le jeune homme avec une douceur dont personne jusqu'ici ne l'aurait cru capable.

– Je t'ai enlevé le poste de capitaine pour que tu te concentres uniquement sur ton rôle de demi d'ouverture. Si ton abandon durant le match contre le CA Périgourdin m'a mis hors de moi, c'est parce que j'étais paniqué à l'idée de poursuivre le jeu sans toi. C'est tout. Il faut me croire, François.

Le garçon renifla, terriblement ému.

– Tu es le meilleur de l'équipe, conclut Abadie. Tu dois revenir parmi nous. Et le plus vite possible.

Soudain, les yeux de François se mirent à briller. Il se redressa avec l'impression qu'un voile se levait quelque part dans sa tête. L'étau qui comprimait sa poitrine depuis dix longs mois venait enfin de se desserrer. Il respira à fond.

– Je reprends lundi, fit-il avec assurance.

La « passe difficile » était définitivement derrière lui. Il s'était tout simplement trompé sur les intentions de son entraîneur. À présent, il voyait clair.

Le visage de Jean Abadie se détendit :

– Finalement, tu es un sentimental. Sans dose de câlins, tu paniques. C'est ta mère qui me l'a fait comprendre.

Au même moment, Jérôme alluma le téléviseur. La rencontre avait lieu dans un quart d'heure.

– Eh bé, vous autres ! Vous ne m'avez toujours pas dit ce que vous vouliez boire, s'égosilla-t-il.

– On regarde le match ensemble ?

La proposition de l'entraîneur sonna comme un ordre. François sourit et ne répondit rien. Il n'y avait rien à répondre.

La fin de la saison arriva très vite pour l'US Nafarroa. L'équipe fut qualifiée pour la demi-finale, puis pour la finale. La presse parla abondamment de son incroyable performance. François et ses copains eux-mêmes avaient du mal à y croire. Sur le terrain, Abadie continuait de les insulter copieusement. Pourtant, en société, il était intarissable à leur sujet et chantait leurs louanges. Les jeunes rugbymen perdirent en finale contre Blagnac. Tant pis, ils avaient vécu une saison inoubliable. Mais c'est assurément pour François qu'elle fut la plus marquante. L'événement eut lieu précisément le jour de leur défaite en championnat.

Les deux équipes étaient en train de fêter ensemble la rencontre. Amitié pure et dure après le match, comme le veut la coutume. Côté US, tout le monde était présent : Jérôme et ses habitués, la mère de François, Michel Lartigues et son épouse Janine, et, bien sûr, le Père Barthélémy, supporter inconditionnel de ces jeunes. Puis deux types, deux gros costauds qui faisaient bande à part, adressèrent à François un signe de la main, l'invitant à les suivre. Ils sortirent tous les trois.

Lorsqu'il revint, le garçon avait les joues en feu.

– M'sieur Abadie, hurla-t-il, on m'a demandé si ça m'intéressait de passer professionnel.

Coupure générale de conversations. L'entraîneur blêmit.

– Où ça ?

– À Dax, m'sieur Abadie !

– Et qu'est-ce que tu as répondu ?

– J'ai dit que je ne rêvais que de ça. Ils m'ont donné rendez-vous dans un an.

Alors Jean Abadie s'approcha du garçon en vacillant légèrement :

– Excellent… merveilleux… génial !

Il avait du mal à trouver ses mots. Puis, oubliant le monde qui se pressait autour d'eux, il serra François contre son cœur et lui souffla, la voix entrecoupée par l'émotion :

– J'ai eu raison de croire en toi. On fera tout pour ne pas les décevoir. Tu vas devoir mettre le paquet maintenant, d'accord ? Et s'il le faut, je serai intraitable ! Autant te prévenir tout de suite.

François Haristoy éclata de rire. Il venait de comprendre quelle photo devait figurer en dernière page de son journal, dans le cadre laissé en blanc : celle de m'sieur Abadie, l'entraîneur qui avait décidé de sa carrière.

Histoires fausses et vrai rugby !

Histoires fausses et vrai rugby !

de Nine Lescalet
illustré par David Revoy

– Si t'avais pas joué les Yéti dans le car, on ne serait pas plantés sur la pelouse à prendre racine !

– T'as bien rigolé aussi, se défendit Tonino dans un large sourire.

Mais ce sourire-là n'était plus aussi communicatif et Cafouet haussa les épaules.

– Ne vous inquiétez pas les mecs, Crapaud sera bien obligé de nous faire entrer, assura Max d'un ton nonchalant. Sans nous, les Schtroumpfs sont morts !

Ce constat était hélas juste… Et même s'il en avait ras la casquette des trois garçons qu'il avait décidé de scotcher sur le banc de touche pour la durée du match, il serait difficile à l'entraîneur de les exclure du jeu.

Avançant en file indienne, les Boas verts du Rugby Club de Lozac et les Schtroumpfs du XV Gramont se serrèrent la main en se lançant des regards féroces. Puis, chaque équipe se rassembla autour de son entraîneur, attentive aux dernières consignes. Bien qu'exclus, Max, Cafouet et Tonino se mêlèrent eux-aussi à l'essaim bleu.

– Pas d'actions personnelles, vous êtes au service du collectif, conseilla Lucien Rapaud (alias Crapaud en raison d'un goitre énorme qui gonflait exagérément à chacune de ses colères). Faites circuler le ballon… Ajustez vos passes et, attention, pas de balle perdue…

L'arbitre fit un large mouvement des bras, signe qu'il était temps de commencer la partie.

– Allez les gars, faites vivre le ballon !

Les Schtroumpfs, rangés en cercle, entamèrent leur danse de guerre dont la célébrité ne dépassait pas les frontières du village : poing contre poing à hauteur de la poitrine, poings qui cognent la poitrine avant de s'élever vers le ciel en signe de victoire. Puis ils prirent place sur le terrain. Les trois copains trainaient du pied pour quitter l'aire de jeu.

– Eh, les zozos, dégagez de la pelouse ! ordonna l'entraîneur.

Les garçons doublèrent leurs foulées et s'installèrent en rechignant près des tribunes. Assister au premier match du tournoi départemental des minimes sans y participer, c'était plus que la poisse, c'était l'enfer… d'autant que la rencontre était éliminatoire. Impossible pour le trio de s'y résoudre sans grogner et, assis par terre, il ne s'en privait pas.

– On n'a vraiment pas de chance ! observa Cafouet. On chope la meilleure équipe dès le départ de la compet' et on se retrouve le long de la touche, remplacés par des manchots.

– J'ai l'impression que pour nous, la compet' va être vite finie, soupira Tonino.

– C'est clair !

– Mais non je vous dis, Crapaud va nous faire entrer, sinon on passe pas le premier tour ! répondit Max, sûr de lui. Franchement, on est bien les seuls à se taper tous les entraînements, à aller à tous les matchs. Et on devient bons les gars, on devient bons…

L'arbitre siffla le début de la rencontre. C'était au XV Gramont de donner le coup d'envoi. Le talonneur précipita la balle loin devant, interdisant à son équipe toute récupération. Le ballon ne trouva pas la touche et un Boa l'attrapa fermement. Alors qu'il s'élançait, une vague verte constituée de ses coéquipiers se déroula sur toute la largeur du terrain. Le porteur fit une passe, le ballon circula de bras en bras et traversa une bonne partie de l'aire de jeu.

Les Schtroumpfs étaient débordés : ils avaient toujours un temps de retard et semblaient incapables d'anticiper la moindre action. Le long de la ligne de touche, Rapaud gesticulait :

– On les arrête, criait-il, on les arrête !

Mais un vent de pagaille avait soufflé sur les Bleus et, sans être le moins du monde inquiété, un joueur du RC Lozac écrasa le ballon derrière l'en-but à la quatrième minute de jeu.

– Ça y est, on mange ! lança Cafouet en se relevant brusquement.

– J'ai l'impression qu'on va même déguster, les gars, avertit Max. Les Boas sont puissants et organisés. Regardez, on est encore à l'ouest !

– Ouais… les Boas nous étranglent ! ironisa Tonino.

– Que Crapaud me laisse entrer et je les transforme en sacs à main ! Sans foi ni loi, comme au jeu de la soule.

– Comme à quoi ?

– Vous ne connaissez pas la soule ? C'est l'ancêtre du rugby… Ça existait à l'époque de… heu… de Saint Louis, hésita Cafouet. Deux villages s'affrontaient et ça fritait sec ! Même que le ballon était en peau de bête…

Il gelait à pierre fendre en ce matin de la saint Étienne 1187. Un vent glacial soufflait sur la lande et, à chaque rafale, on voyait au loin le bois du Boulou ondoyer. C'était pour ces quelques arpents de châtaigniers que les jeunes gens de Rochefort et de Montdidier se défiaient aujourd'hui. La veille, lors de la messe de Noël, messire le Prieur leur avait recommandé la plus grande prudence, rappelant le nombre de blessés de l'année passée et la mort tragique de Jean Coustel, noyé dans la Dreux.

Le jour n'était pas encore levé quand les hommes commencèrent à se rassembler devant le porche de l'église. Les vingt gaillards de la frairie[1] de Rochefort, portant tous une culotte de laine jaune, étaient rangés autour de leur chef Guillemin Ferté, dit La Clopine en raison d'une infirmité de sa mère. Peu à peu, les paroissiens arrivèrent ; on entendait leurs pas pressés résonner dans les ruelles. Alors que le seigneur de Compine et sa noble famille franchissaient la place, la cloche invita les croyants à suivre l'office chanté par le vénérable Prieur et un chœur de vicaires.

Au sortir de la messe, villageois, notables et joueurs s'amassèrent au pied de la croix du cimetière. Là, messire de Compine rappela les conditions du jeu : le champ de la soule commençait ici, à Rochefort, et comprenait l'ensemble des terres jusqu'à Montdidier. Serait vainqueur, le camp qui déposerait la soule à l'entrée de son château. Sous les acclamations de la foule, on apporta alors la balle de cuir bourrée de paille. Enfin, au signal du Prieur, le plus jeune des écuyers la projeta vivement dans les airs.

Aussitôt, on assista à une mêlée générale. Petit Louis, très agile, se glissa entre deux costauds, attrapa la soule et la lança à Guillemin. L'homme

1. L'équipe.

s'empara fermement de la balle, pourtant aussi grosse qu'une tête et pesant dix bonnes livres. Comprenant qu'il ne pourrait s'échapper par le bas du bourg car les coquins de la frairie adverse en bloquaient l'accès, il fit volte-face et entreprit de traverser le village. Déjà, aux appels de leur capitaine, les hommes de Montdidier remontaient par les ruelles, comptant bien rattraper le porteur près du chemin du Boulou. Pressentant leur manœuvre, Guillemin frappa vigoureusement la soule du pied. Le ballon siffla au-dessus du charretier Bertaud, manquant tout juste lui ôter la tête, puis il franchit la butte derrière la fontaine et fondit droit sur l'auberge. À l'intérieur de la gargote, Péret le tavernier fit un signe de croix. Fort heureusement, un premier rebond dévia la trajectoire et la balle dévala la ruelle en direction du moulin. Il s'ensuivit une furieuse galopade. Les jeunes gens cavalaient à en suer, malgré le gel mordant. Voyant le jeu à leur portée, ils se bousculaient, se crochetaient ; certains finissaient même par s'empoigner rageusement. Pourtant, la soule continua sa route sur au moins trente toises avant de s'écraser dans le petit vallon.

Ceux de Montdidier prirent alors l'avantage. Coupevent, un des leurs, s'empara de la lourde balle et se mit à courir le long de la Dreux, à l'endroit même où la mort avait frappé l'année précédente. Il espérait certainement franchir le cours d'eau au pont de pierre, suivre le bois et remonter jusqu'au château par la métairie. Mais c'était sans compter sur l'acharnement des joueurs de l'équipe de Rochefort ! Les visages rougis par l'effort, ils convergeaient à la hâte vers le porteur. Poursuivi par cette meute de culottes jaunes, Coupevent réussit néanmoins à passer la rivière et à s'engager le long du bois jusqu'à ce que, acculé, il s'écroule à terre, protégeant la balle de sa lourde carcasse. Ce geste entraîna une immense échauffourée, une lutte acharnée où tous les moyens étaient autorisés pour s'emparer de la soule et en finir... Au plus fort de la mêlée, on entendit des craquements. Comme à l'accoutumée, maître Jean aurait ce soir à panser les plaies et les bosses de ces risque-tout.

Dans cette cohue de bras et de jambes enchevêtrés, ce fut encore Petit Louis qui se faufila et enleva la soule. De nouveau, il la lança à son chef qui la poussa aussitôt vers l'un de ses compagnons. La balle circula de l'un à l'autre par petits bonds jusqu'à revenir contre la poitrine de Guillemin. Mais les gaillards de Montdidier ne comptaient pas en rester là. Voulant encore en découdre, ils se rassemblèrent pour barrer le passage qui menait au château. Aussitôt, les partisans de Rochefort s'amassèrent autour de leur chef, protégeant ainsi de leur corps sa personne et la soule. Et soudain, au cri de “À l'assaut !”, la formation se rua dans le chemin. Compact et solide, le bloc de jeunes gens déchira les lignes de la frairie de Montdidier et parvint jusqu'au perron de la demeure de messire de Compine.

Guillemin dit La Clopine et ses gars avaient gagné. Désormais et jusqu'à l'hiver suivant, le petit bois du Boulou serait la propriété de ceux de Rochefort.

– Mort de rire ! T'as lu ça dans *Cinéma et rugby magazine* ! plaisanta Tonino.

– Ouais... et je vois bien Léonardo di Carpaccio dans le rôle de Guillemin, continua Max.

– Vu vos notes en histoire, j'insisterais pas trop à votre place, se défendit Cafouet. Je vous rappelle que Napoléon et Bonaparte, c'est la même personne ; et que moi, j'ai pas eu deux à la dernière interro !

– QUAND ON EST PLAQUÉ, ON RESTE DEBOUT !

Cette phrase hurlée par Lucien Rapaud – qui n'a de sens que pour les aficionados de l'ovalie – ramena l'attention des trois exclus sur le match. Les premières lignes du XV Gramont venaient de se regrouper et tentaient un maul. Mais leur “cocotte”, chancelante, s'écroula bien vite face à la défense des Boas. Le Schtroumpf porteur du ballon, plaqué, risqua alors une passe en retrait sur son troisième ligne. Erreur de jugement : un Vert la reçut en pleine poitrine ! Et le RC Lozac reprit l'avantage.

– Mais vous allez les bloquer, oui ! criait Rapaud, les mains en porte-voix autour de la bouche. À l'impact, à l'impact...

Deux joueurs s'interposèrent pour arrêter la charge, sans succès : une simple esquive du porteur les laissa sur place. Le ballon transita par les bras du demi d'ouverture et atterrit dans ceux de l'ailier gauche. Le Boa se précipita vers l'en-but, talonné par des défenseurs bleus bien moins rapides que lui. Il étira le plus possible son corps vers l'avant et écrasa lourdement le ballon des deux mains dans le camp des Schtroumpfs.

– RC Lozac : 12, XV Gramont : 0. Ils nous baladent, constata Cafouet, amer.

– Encore dix minutes à tenir avant la mi-temps. Mais ça commence à me gaver d'être là à regarder les Boas nous crucifier, râla Tonino. Je vais dire à Crapaud que si je joue pas, j'arrête le club, je me casse !

– T'énerve pas. Crapaud va te jeter ! avertit Max. Regarde, son goitre grossit à vue d'œil. Fais pas comme Ellis, reste fairplay !

– Comme qui ?

– William Webb Ellis. Cafouet nous a baratinés, c'est un Anglais qui a inventé le rugby. Un jour de pluie où il était bien en colère.

– C'était quand ? demanda Cafouet.

– Au dix-neuvième siècle, dans le centre de... commença Max.

– Eh, vous commencez à me fatiguer tous les deux avec votre science !

– Non, je t'assure Tonino, si tu veux connaître la véritable histoire du rugby, écoute ça...

« Comment un gentleman comme moi, fils d'un vaillant dragon de la Garde, a-t-il perdu ainsi son bon sens ? Pourquoi me suis-je livré à un acte aussi déshonorant ? »

Étendu sur la pelouse du *Bigside*, le terrain de sports du collège, William Webb Ellis ne bougeait pas d'un pouce, paralysé par son abomination. Car, à l'instant même où il s'était mis à cavaler comme s'il avait le diable aux trousses, serrant fort le ballon dans ses mains, il savait qu'il avait commis l'irréparable : il avait failli aux règles les plus élémentaires du football.

La journée avait pourtant bien commencé...

Ce matin-là, il s'était levé aux premières lueurs de l'aube, souhaitant achever son devoir de latin avant l'après-midi de jeu, pour ne plus y penser le lendemain. Après une rapide toilette et un breakfast aussi expéditif, il avait décidé d'aller à la bibliothèque du collège, l'endroit le plus studieux de la *Public School* de la ville de Rugby. Le bâtiment en pierres grises n'incitait pas à la gaieté, et la sévérité de sir Edward Thomas, le maître des lieux, interdisait tout bavardage. Dehors, un faible rayon de soleil affrontait une armée de petits nuages d'un noir menaçant. Habitué aux matchs du samedi sous la bruine et la pluie, William n'avait pas prêté plus d'attention à l'averse qui pointait.

Malgré son penchant pour les matières littéraires, sa version de latin lui avait pris plus de temps qu'escompté et il n'était sorti de la bibliothèque qu'à l'heure du déjeuner. Il s'était dirigé d'un bon pas vers le réfectoire où l'attendaient ses partenaires pour un dernier exposé de la stratégie du match. En pénétrant dans la salle à manger, il avait reconnu immédiatement la voix ferme et haut perchée de Lord Edwin Gordon.

Depuis sa première année d'études dans le prestigieux établissement britannique, le jeune aristocrate était capitaine de l'équipe de football. Il devait cette distinction non pas à la qualité de son jeu ou à son mérite, mais bien à ses origines sociales, sa famille présidant aux destinées du comté de Warwickshire. Coopté à l'unanimité par les membres du club sportif, Lord Edwin Gordon avait donc édicté les lois du football propres au *Bigside*, chaque *Public School* pouvant imposer des règles spécifiques sur son terrain. En tant que capitaine, il avait décrété que lui revenait, de fait, le mérite de marquer tous les buts, et ses compagnons étaient tenus de lui transmettre toute balle décisive.

Révolté par ces règles injustes et humiliantes, Webb Ellis se détournait depuis quelques semaines du football au profit du cricket, véritable sport d'équipe dans lequel il obtenait des résultats encourageants. Mais cette infidélité lui valait nombre de quolibets du Lord du comté.

– Messieurs, sir William Webb Ellis est encore à la traîne ! l'avait-il accueilli. Sans doute était-il sur un *pitch*[2] en train de batter une balle… Veuillez excuser ses mauvaises manières, mais ce *stricker*[3] a encore beaucoup à apprendre pour devenir un gentleman.

– Chers amis, je vous prie de pardonner mon retard. Quant à vous, Lord Gordon, inutile d'exposer à nouveau pour moi votre stratégie. D'autant que votre conception de l'art du football n'a pas dû

2. Partie rectangulaire au centre du terrain de cricket.
3. Batteur.

varier d'un penny depuis la semaine dernière. Je présume qu'il nous faut prendre coûte que coûte le ballon aux adversaires, avancer au plus près des buts et, alors que le succès et sa couronne de lauriers se dessinent, vous faire parvenir le ballon pour la passe victorieuse !

Un silence s'était abattu autour de la table. Le ton employé par Ellis avait été beaucoup trop sarcastique pour que Lord Edwin Gordon en restât là. L'aristocrate avait d'ailleurs semblé piqué au vif, et tous s'étaient attendu à une réaction des plus violentes.

– Effectivement, très cher William, vous paraissez si bien maîtriser ma technique de jeu que je vous désigne défenseur principal, avait-il raillé d'un ton satisfait. Vous resterez posté à moins d'un yard de moi pendant toute la partie, et vous aurez ainsi le privilège de m'offrir la balle victorieuse !

Sans doute pour sortir son voisin de chambre d'une mauvaise posture, Peter C. Blown avait tenté de changer de conversation en évoquant les qualités d'Eton, le challenger du jour. La diversion avait parfaitement fonctionné, chaque joueur ayant des inquiétudes à formuler sur les points forts de l'adversaire. Seul William Webb Ellis, assis en bout de table, était resté muet. Il s'était senti profondément honteux… et misérable de se soumettre à ces constantes humiliations en silence. Cet incident était-il responsable de la situation présente ? Expliquait-il le fait que le jeune homme se retrouve allongé dans une flaque de boue, le ballon écrasé sous son torse ?

S'il ignorait les raisons de son geste, étrangement Ellis ne le regrettait pas. Car, même dans une position aussi dégradante, il ne cessait de se délecter de la vision de Lord Edwin Gordon, si sûr de lui, attendant le ballon à quelques enjambées des buts d'Eton. Il avait perçu l'incompréhension puis la haine dans le regard de l'aristocrate lorsque lui, William Webb Ellis, s'était emparé de la balle des deux mains au lieu de lui asséner le coup de pied tant espéré ! Après cet acte quasi révolutionnaire, tout s'était enchaîné : il avait parcouru les derniers mètres aussi vite que possible et, arrivé devant le but, il s'était projeté au sol, la tête la première dans le gazon, serrant fermement la balle contre son cœur.

Un éclair déchira le ciel. Le soleil avait totalement disparu et un énorme nuage noir dessinait comme un couvercle sur le *Bigside* du collège de Rugby. En ce jour de novembre 1823, devant des tribunes bondées d'étudiants, l'adolescent William Webb Ellis avait transgressé les principes du football pour échapper à la tyrannie de Lord Edwin Gordon. Et sans le savoir, il avait écrit les bases du rugby !

Le coup de sifflet de l'arbitre vrilla les tympans des trois garçons. C'était la mi-temps et, par chance, le score n'avait pas bougé. Les Schtroumpfs se rassemblèrent sur un coin de pelouse où Lucien Rapaud se tenait, les mains sur les hanches, le cou tuméfié.

– Vous êtes faibles les gars, faibles en attaque, faibles en défense, FAIBLES ! commença-t-il sur le ton du procureur annonçant une condamnation. Vous leur laissez tout le terrain… Vous n'existez pas…

Personne n'osait broncher. Les minimes hésitaient même à le regarder de peur d'être pris pour cible.

– Dès que vous avez la balle, on dirait des canards avec un couteau ! Bougez-vous… Manu, toi, c'est encore mieux, tu plonges et t'attends que ça se passe. Tu te crois à la piscine !

– J'ai trop mal, monsieur, se défendit le garçon. On s'est percuté avec Jules et depuis, mon genou droit me fait un mal de chien.

– Moi, c'est la hanche. Manu m'a handicapé, se plaignit Jules.

– Max et Cafouet, échauffez-vous, vous les remplacez, décida l'entraîneur. Et inutile de faire les malins !

Les deux copains regardèrent Tonino, déçus : lui resterait encore sur le bord du terrain. Puis ils s'écartèrent du groupe pour faire quelques étirements, suivis de longueurs entrecoupées de pointes de vitesse.

– Eh Max, c'était nase ton histoire de lord anglais ! leur cria Tonino tout en mâchouillant une barre chocolatée. Toi aussi, tu lis trop *Cinéma et rugby magazine* !

– L'histoire est peut-être un peu arrangée, mais Ellis a bel et bien existé. Tu dis ça parce que tu es jaloux de rester sur la touche, ajouta Max en revenant vers lui et en lui tapant gentiment sur l'épaule.

– De toute façon, tu ne pouvais pas entrer : t'es buteur, le consola Cafouet.

– Et je suis aussi bon buteur que le grand guerrier maori avec son lancé de patates douces ! déclara Tonino, en léchant la fin de l'emballage de son gâteau.

– Qu'est-ce que tu racontes ? Encore une de tes blagues à deux euros...

Max et Cafouet connaissaient bien leur troisième complice : ils se suivaient depuis le CM1, autant dire un bail ! Et Tonino avait toujours été champion pour débiter des histoires à dormir debout qu'il inventait au fur et à mesure. Le trio avait déjà fait les frais de ces extravagances.

– Pour la baston dans les villages et pour Ellis : je ne vous contredis pas parce que j'en sais rien ! Voyez, je suis beau joueur, assura Tonino. Mais mon histoire à moi, les mecs, c'est les racines du rugby, le tout début. Rien à voir avant des paysans furibards ou un anglais fou. Ça se passe loin d'ici, dans une île de l'hémisphère Sud...

– ... où y'avait un dieu qui mangeait des patates douces ! lança Cafouet, plié de rire.

– Les zozos, venez-là, les interrompit Lucien Rapaud.

Les garçons rejoignirent les autres Schtroumpfs. L'entraîneur prodigua ses derniers conseils lorsque, soudain, il s'égosilla, le goitre hypertrophié :

– On y va les gars et on joue simple : les avants devant et les arrières, derrière !

C'était dit, la stratégie de jeu du XV Gramont était donnée !

– Bonne chance, lança Tonino à ses copains. Je vous garde la suite pour tout à l'heure !

– Je suis impatient, affirma Cafouet en lui décochant un clin d'œil.

Chaque joueur regagna sa place sur le terrain. Un Boa du RC Lozac avança avec le ballon. Sitôt le feu vert donné par l'arbitre, il frappa la balle du pied mais, au lieu de l'envoyer au loin, il fit une courte chandelle. Un de ses coéquipiers récupéra la balle et s'élança dans le camp des Bleus, suivi de près par quelques autres. Aussitôt Max le prit en chasse et s'interposa pour l'obliger à faire une passe. Sous sa poussée, le Boa fut effectivement contraint de lâcher prise et il envoya la balle vers l'arrière, au petit bonheur la chance. Hélas, la chance avait tourné : Cafouet se trouvait bien placé pour la récupération. Il s'empara du ballon, contourna deux adversaires qui barraient sa route, esquiva un défenseur et atteignit la ligne des 22 mètres de l'équipe de Lozac. Là, apercevant plusieurs Boas qui fondaient sur lui, il assura une passe à Max, qui en fit une à Richard, le capitaine des Schtroumpfs, lequel alla aplatir le ballon dans l'en-but des Verts. L'essai, validé par l'arbitre, ramenait le résultat à 5 points pour Gramont contre 12. Au moins, ce ne serait pas la honte !

Le long de la touche, Rapaud applaudissait,

mais il était perplexe : fallait-il que Tonino tente la transformation ? Ou devait-il faire tirer n'importe lequel d'entre eux ? C'est justement le moment que choisit le garçon pour s'approcher de son entraîneur.

– Si vous voulez qu'on recolle au score, il faut me laisser taper. Je suis votre meilleur buteur, demanda-t-il, la voix la plus humble possible.

D'un coup, il haussa le ton :

– Car je suis comme les guerriers maoris, je sais lancer les patates douces !

Rapaud le fixa, l'œil noir, le goitre en feu. Puis il se détourna et regarda l'arbitre pour lui indiquer un changement.

– Un conseil : ne le rate pas ! hurla-t-il à l'agité.

Content de lui, Tonino avança sur le terrain en prenant son temps, alors que Max et Cafouet arrivaient à sa rencontre en courant.

– Cool, c'est toi qui le tires !

– Crapaud a su voir le guerrier maori qui sommeillait en toi ! s'esclaffa Cafouet.

– Mon guerrier maori, il est aussi vrai que tes ploucs du Moyen Âge, riposta Tonino.

– C'est long pour amener le tee, remarqua Max.

– Ils l'ont encore paumé, comme d'hab', lança Cafouet en haussant les épaules.

Tonino recula de quelques mètres. Soudain, il entreprit des mouvements de bras incongrus, rythmés par un chant aux origines douteuses.

– Tu fais quoi là, de la danse contemporaine ?

– Laissez-moi m'imprégner de l'âme du guerrier Te Traupacap[4].

– C'est ça, le mangeur de patates douces.

– Il ne faisait pas que les manger… objecta Tonino, mystérieux.

Je courais, je courais depuis déjà longtemps, les épaules baissées, la tête rentrée pour gagner en rapidité et en puissance. Après cette terrible défaite sur le clan des Tuwharetoa, je me retrouvais seul survivant d'un groupe de guerriers venu réclamer vengeance. Combien d'hommes avais-je renversés dans ma fuite ? Combien d'autres étaient à mes trousses ? Je l'ignorais…

Pourtant tannés par de continuelles marches, mes pieds me lançaient, écorchés par les souches qui émergeaient de cette jungle de pins et d'hêtres. Et j'avais soif, tellement soif… Foulée après foulée, je me rapprochais d'un village près du lac Taupo. J'entendais derrière moi les cris et les vociférations de la horde se rapprocher. Une capture : c'était la mort, je le savais.

Mais mon œil avait beau balayer l'horizon, je ne voyais aucune issue : à droite, la falaise de grès s'enfonçait dans la mer ; à gauche, le village où il serait facile à mes poursuivants de m'encercler ; et, face à moi, un champ totalement à découvert.

4. Il s'agit en fait du héros Te Rauparaha (vers 1768-1849), chef de la tribu de Ngati Toa, qui inspira le célèbre *Haka* chanté par équipe de Nouvelle-Zélande avant tous les matchs.

Haletant, je risquai un regard en arrière : les hommes de Tuwharetoa avaient peint leur visage aux couleurs de la guerre. Armés de coupe-coupe et de lances, prêts à achever leur besogne, ils étaient aussi terrifiants qu'une colonie de wetas[5].

Préférant une chute mortelle de la falaise à une agonie cruelle, je me dirigeai vers le précipice lorsque mon œil fut attiré par une fosse, un trou noir que je n'avais pas aperçu auparavant. Sans réfléchir, je plongeai dedans. Dehors se dressaient déjà les silhouettes des guerriers, leurs ombres dansaient à l'entrée de la cavité. Ils avaient tué mes frères d'armes et bientôt, je serai mort aussi…

Abattu, je me recroquevillai et repensai à la raison de cette guerre : foutue zone de pêche, elle était la cause de notre malheur ! Tout à coup, une masse noire assombrit ma cachette. Un Tuwharetoa approchait. « Je meurs, je meurs », me dis-je. Instinctivement, je reculai et trébuchai sur un tas de patates douces. Cet abri contenait en fait la réserve de légumes des paysans du village. Alors que ma vie – ou plutôt mon repos éternel – se jouait, mon seul réflexe à cet instant fut de saisir une patate de la main, de la lâcher vers mon pied et de la percuter le plus violemment possible. Il faut croire que le dieu de la guerre Tumatauenga me protégeait car mon agresseur, aussi grand fût-il, reçut le projectile en plein front. L'homme vacilla puis, de mon poste,

5. Insectes, entre araignée et criquet, endémiques à la Nouvelle-Zélande. Géants de 20 cm, les wetas sont réputés pour leur voracité.

je n'aperçus plus qu'un nuage de poussières. « Je vis, je vis », me répétai-je.

Mon sursis fut de courte durée, un autre géant commençait à franchir le seuil de mon futur caveau. « Je meurs, je meurs », me dis-je de nouveau. Affolé, je récidivai : saisie énergique d'une grosse patate, léger élan de la jambe, uppercut du pied et… disparition de mon assaillant ! « Je vis, je vis », criai-je, heureux. Que les dieux me transforment en kiwi déplumé si je mens, mais je recommençai la frappe à chaque assaillant et réussis à chaque fois un coup de pied placé !

Aucun Tuwharetoa ne s'était présenté à l'entrée de la réserve de patates douces depuis longtemps lorsque j'osai m'aventurer hors de ma cachette. L'ouverture de l'abri était encombrée de corps affalés, la peau toujours couverte de peintures de guerre. Je me mis alors à danser en chantant à tue-tête : « Je vis, je vis… Un pas, un autre pas. Le soleil brille[6]… »

Un assistant venait enfin d'apporter le tee. Il était temps pour Tonino d'entrer en scène.

– Et dire que c'est à ce fou que nous confions la transformation ! rigola Cafouet.

6. « Je meurs, je meurs. Je vis, je vis. *Ka mate! Ka mate! Ka ora! Ka ora!* […] Un pas. Un autre pas. Le soleil brille ! *A upane! Ka upane! Whiti te ra! Hi!* » Paroles extraites du *Haka* de Te Rauparaha, reprises aujourd'hui par l'équipe néo-zélandaise.

– Tu oublies que Te Traupacap va shooter avec moi.

– Allez, concentre-toi, Tonino.

L'arbitre donna le coup de sifflet. Le buteur fit trois grands pas en arrière et se décala de deux sur le coté.

– Je vis, je vis ! hurla-t-il en s'élançant vers le ballon.

La frappe était forte, la trajectoire juste. Lorsque la balle traversa les poteaux, les Schtroumpfs se ruèrent sur Tonino. Les minimes étaient heureux, ils revenaient à 7 contre 12 : un simple petit essai d'écart. De la ligne de touche, Lucien Rapaud les encourageait, le cou rougi par ses emportements :

– De la détermination et du collectif, les gars. Tous ensemble, on y va !

Les Boas de Lozac engagèrent par un long coup de pied. À la récupération se tenait Max, bien campé sur ses appuis. Il attrapa la balle à la volée et la largua sur Cafouet. L'attaque de Gramont partit du fond du terrain, menée à vive allure par les trois-quarts et par le garçon. Le ballon transita par plusieurs Schtroumpfs et lui revint alors qu'il atteignait le centre du terrain. Le match échappait aux Boas qui commençaient à paniquer. L'un d'entre eux se planta devant Cafouet qui l'esquiva. Voyant que le porteur lui échappait, il lui asséna un plaquage à hauteur du poitrail. L'arbitre siffla aussitôt la faute et accorda une pénalité aux Bleus pour plaquage dangereux.

On ramena le tee sur le terrain. Tonino s'approcha, discuta avec l'arbitre ; puis il recula de trois pas, se désaxa de deux et fonça sur la balle. Au moment où son pied frappait le cuir, on entendit deux voix à quelques mètres de lui :

– Tu vis, tu vis !

Le ballon s'envola bien à droite des poteaux mais, au fur et à mesure de sa course, sa vitesse incroyable corrigea la trajectoire. Après ce virage, il fila au-dessus de la barre transversale et s'écrasa derrière l'en-but des Verts. 10 à 12 : plus que deux petits points…

Les trois copains se mirent à cavaler sur le terrain, bras levés au ciel, en beuglant des paroles incompréhensibles. Peu à peu, ils freinèrent leur course et s'accrochèrent par les bras. Ils se regardèrent alors. À cette seconde, ils se sentaient les plus forts du monde.

Il ne manquait plus que deux petits points

pour égaliser, mais ce jour-là, les Schtroumpfs du XV Gramont ne les marquèrent pas. Pourtant, tous étaient fiers en regagnant le bus. Cette légère défaite les rendait dissipés même si Rapaud accueillait chaque joueur d'un :

– Silence. On rentre gentiment dans le car, on s'installe et... on la ferme !

En signe de respect, les minimes laissèrent aux trois héros du match la rangée du fond. Sur l'un des sièges, Cafouet se battait désespérément avec la fermeture Éclair de son blouson qui refusait de rester sur les rails et il commençait à perdre patience. Dans son sac bourré à craquer, Tonino cherchait en vain les clefs de chez lui et jetait ses affaires une à une dans l'allée centrale : sa tenue de rugby évidemment, une canette de soda mutilée, une bobine de ficelle emmêlée dans un bout de bois, une boîte d'allumettes contenant deux pièces essentielles d'une maquette d'avion, un caillou lisse, sa carte de cantine et son cahier d'espagnol ! Quant à Max, confortablement installé, il était happé par le paysage qui défilait sous ses yeux. Après tant de liesse, il se sentait en proie à une sorte de mélancolie : le *succès-blues* en quelque sorte ! Il se tourna brusquement vers Tonino, lequel continuait son long inventaire.

– Qu'est-ce qu'il est devenu après, le grand guerrier ?

– Ben, j'sais pas, je crois qu'il a dansé, dansé et dansé...

Sur ces mots, il se leva et, planté au milieu du

couloir de l'autobus, se mit à entonner le chant de son héros :

– Je vis, je vis. Un pas, un autre pas. Le soleil brille. Je vis, je vis…

Max et Cafouet se dressèrent à leur tour et reprirent la chanson en chœur. Tonino entreprit alors une chorégraphie que ses copains imitèrent aussi. Richard les rejoignit, puis ce fut Manu, Jules… En quelques secondes, tous les rugbymen du XV Gramont hurlaient, debout, en copiant les gestes des garçons.

– Ça ne vous a pas servi de leçon à l'aller, il faut que vous fassiez aussi les crétins au retour, gueula Rapaud aux trois amis. Vous ne pouvez pas vous en empêcher ! Samedi prochain, je vous exclus de nouveau du match si vous continuez.

– Ben alors m'sieur, avec Max et Tonino, on s'inscrira au cricket !

Épilogue

L'acte insensé de William Webb Ellis a toujours été contesté : aucun témoignage n'en apporte formellement la preuve. Pour de nombreux historiens sportifs, le rugby descendrait du jeu de la soule pratiqué au Moyen Âge, ou d'un jeu de balle irlandais, appelé *cad*.

Quoi qu'il en soit, ce sport – apparu pour la première fois dans la *Public School* de Rugby – gagna le sud de la France en 1872, via Le Havre.

Aujourd'hui, si les rugbymen accordent du crédit à cette histoire et si William Webb Ellis est devenu un des héros de l'ovalie, sans doute est-ce parce son geste constituait alors une entorse aux règles et aux convenances… du football !

« Il fallait être Anglais pour inventer le rugby.
Qui d'autre aurait pu penser à un ballon ovale ? »
Pierre Mac Orlan

Pour l’honneur

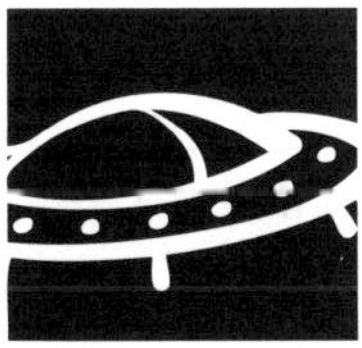

Pour l'honneur

de Michaël Espinosa
illustré par Étienne Leroux

Poussant un « Oh » assourdissant, le public se lève comme un seul homme alors que ma tête cogne violemment la pelouse artificielle. Je cligne des yeux, tentant de chasser les tâches sombres qui constellent mon horizon. Je dois réagir tout de suite pour reprendre le ballon que j'ai perdu dans le plaquage. Je me tourne immédiatement sur le ventre, pousse sur mes mains et saute sur mes pieds, plantant mes crampons dans le revêtement synthétique. À toute vitesse, j'analyse la situation pendant que le public scande mon prénom. Je m'appelle Roël Lodetxi et je suis un Héros des Space Ovalies. Mon grand-père Bixente appelle toujours ce sport le rugby ; pourtant, depuis des années, les règles, le système de jeu et les joueurs ont changé. Mais c'est surtout la victoire qui a une tout autre portée. En effet, les planètes de l'univers connu ne se font plus la guerre. Les conflits sont réglés lors de matchs de Space Ovalies où s'affrontent des équipes composées de douze joueurs locaux appelés les Autochtones, ou Autos, et de trois mercenaires engagés pour l'occasion, les Héros. Seuls les meilleurs ont le droit d'accéder à ce rang. Ils se font alors inoculer des nanorobots modificateurs, ou nanomods. Ces microscopiques organismes artificiels agissent sur leur corps en démultipliant leur force et leur vélocité. Des nanomedics sont par ailleurs programmés pour soigner toute lésion sous-cutanée dans la fraction de seconde qui suit un impact.

Luthor – qui vient de me plaquer tel un bulldozer et de me subtiliser le ballon – est un Héros de l'équipe des Tartarians. Pour ma part, je défends les couleurs de la planète Lexar 5 et mes premières minutes de match sont bien difficiles. Il y avait longtemps que je n'avais ressenti la douleur aussi intensément. Comment puis-je souffrir, pensez-vous, puisque je suis un Héros ? C'est exactement ce que s'est demandé mon coach, Monty Griver, avant le début de la rencontre.

– Tu l'as vraiment fait ? m'a-t-il demandé en regardant, posée sur la table de bois de mon vestiaire, la seringue d'où gouttait encore un liquide verdâtre.

J'ai inspiré un grand coup, les yeux clos, et n'ai

rien répondu. Je sentais chacun de mes muscles me hurler son désespoir de devoir affronter seul la douleur. Et pourtant, j'étais parfaitement calme.

– Il faut y aller, m'a dit Monty d'un air grave, ils t'attendent tous.

Il savait qu'avoir neutralisé mes nanomods me mettait en danger et il aurait aimé m'en empêcher. Mais même lui, mon ami de toujours, ne pouvait pas vraiment comprendre les raisons qui m'avaient conduit à cette extrémité. Moi, Roël Lodetxi, le plus grand Héros de l'univers connu, j'avais décidé de jouer enfin un match en homme et plus en machine modifiée.

Sur sa lancée, Luthor a déjà pulvérisé trois malheureux Autos lexariens. Ils n'ont fait que leur travail : servir de bouclier à leurs propres Héros et d'obstacles aux autres. Dans tous les cas, ils ne sont que matières jetables, ne pouvant bénéficier ni de modifications ni de produits dopants. Et si jamais l'un d'eux s'y essayait, étant systématiquement contrôlé après le match, il disqualifierait immédiatement son équipe. Quand du résultat dépend l'avenir de votre planète, vous ne jouez pas avec le destin.

Sur ma gauche, Luomu – le deuxième Héros de mon équipe – a démarré sa course droit sur Luthor, mais Tombstone, une montagne de muscles, est sur le point de se placer dans sa trajectoire. La percussion risque d'être d'une violence inouïe. Le public va adorer.

Un trait de douleur me transperce la poitrine. Mes

nanomedics sont endormis, je dois affronter seul la souffrance. Je respire avec force et me relance dans la course. Je ne peux pas laisser Luthor marquer un essai de plus.

J'accélère ma foulée. Mes crampons accrochent la pelouse, propulsant des brins d'herbe synthétique dans mon sillage. Je m'étonne de la puissance que développent mes jambes sans l'aide des nanomods, et souris en voyant Luthor à moins de dix mètres devant moi. Dans mon dos, le choc que provoque Tombstone en plaquant Luomu sans qu'il ait le ballon est assourdissant. La faute n'est pas sifflée. Le public exulte. C'est la loi du spectacle.

Je tente de me propulser encore plus vite. Je frôle Luthor du bout des doigts. Un dernier effort pour l'atteindre.

Soudain, un impact terrible me déforme la colonne vertébrale, communiquant un tremblement destructeur à tous mes membres. Mes jambes me lâchent. Je trébuche. Par réflexe, mes mains amortissent la chute. Mais à peine ai-je touché le sol qu'une masse énorme s'abat sur moi, me coupant le souffle et me traînant sur deux mètres. De la terre gicle sur mon visage et le goût plastifié de la pelouse envahit ma bouche.

– Tu ne gagneras pas aujourd'hui Lodetxi, me susurre une voix calme et déterminée.

C'est celle de Kant, le troisième Héros des Tartarians. Je me maudis de ne pas l'avoir vu venir : un vrai débutant ! J'halète. Je ne peux plus bouger. Il y a bien longtemps que je n'avais autant souffert…

Malgré ses quinze ans, Roël avait l'impression que chacun de ses os se brisait au fur et à mesure qu'il se relevait. Jimmy, qui venait de le plaquer comme un forcené, courait déjà sur le terrain. Roël décrocha un morceau de terre de son visage. Il voulut remplir ses poumons que Jimmy avait consciencieusement vidés, mais l'odeur acide de la terre le fit tousser. Un léger goût de sang lui piqua la langue.

– Tu crois devenir un champion en jouant comme ça, Lodetxi ? grogna l'entraîneur.

Comme à chaque fois, Roël tremblait devant cet homme aux épaules monstrueuses et au visage de pitbull. Plutôt affronter une ligne d'avants aux muscles saillants !

– Je suis désolé, murmura-t-il.

L'entraîneur le toisa froidement.

– Lodetxi, tu es sans doute mon meilleur élément, mais tes camarades de jeu ont autant que toi la rage de vaincre.

Roël, muet, considéra la manche gauche de son maillot déchirée sur toute sa longueur et ses chaussures maculées de boue.

– Le match de dimanche est décisif, tu en es conscient ?

– Oui, monsieur.

– Alors pourquoi tu joues comme un emmanché ? hurla l'entraîneur. C'est la quatrième fois que tu es plaqué dans la phase finale d'attaque. T'as plus rien dans les jambes, Lodetxi ?

– Si, monsieur, répondit Roël.

– J'entends rien, Lodetxi ! T'as plus la force ? Tu devrais peut-être retourner chez les poussins pour qu'ils t'apprennent les fondamentaux ! Tu penses devenir un Héros en trottinant sur la pelouse comme une biche ?

Roël rougit. Il sentit le regard compatissant de ses coéquipiers. Serrant les poings, il souffla :

– Je serai un Héros, monsieur.

Les mains sur les hanches, l'entraîneur partit d'un rire tonitruant, et s'adressant aux autres joueurs :

– Vous entendez ça, les gars ? Lodetxi bouffe de la boue depuis le début et il se croit encore de taille.

– Je serai un Héros, monsieur ! cria le garçon.

L'entraîneur se pencha vers lui et mit sa main derrière l'oreille, formant un cornet.

– J'entends pas ta minuscule voix de danseuse, Lodetxi.

Avec détermination, Roël aboya :

– JE SERAI UN HÉROS, MONSIEUR !

L'air narquois, l'homme se redressa.

– Peut-être, Lodetxi, peut-être, mais ce ne sera pas dimanche prochain. Je te mets sur la touche… Va prendre ta douche, ordonna-t-il en tournant les talons. Les autres, on reprend. Au galop !

Docile, Roël se dirigea vers les vestiaires sans même lever la tête. Il ne savait pas ce qui, de la honte ou de la haine, le rongeait le plus. Comment deviendrait-il un Héros désormais ?

En sortant du terrain, il osa un regard vers les tribunes d'où un vieil homme le fixait intensément. La silhouette leva un bras pour le saluer. Puis il articula une phrase silencieuse.

– Crois en toi.

Roël ne pouvait perdre espoir. Son grand-père avait toujours foi en lui.

Les Tartarians nous ont déjà planté deux essais et viennent de creuser l'écart avec une pénalité transformée de soixante mètres. Le pied de Kant a propulsé le ballon tel un missile, prouvant ainsi sa surhumanité. Pour ma part, avoir raté mon coup de pied à quarante mètres en a soufflé plus d'un dans les gradins, et sûrement des millions derrière leur poste de Télévid. Je ne pensais pas une seconde qu'après à peine plus de trente minutes de jeu la fatigue me rongerait ainsi. Malgré mon entraînement intensif, je suis bien faible face aux autres Héros. La douleur palpite dans ma poitrine. Le plaquage de Kant m'a laissé des séquelles. Peut-être une côte cassée. Je ne me serais pas posé la question si mes nanomedics étaient toujours opérationnels puisqu'ils auraient soudé l'os immédiatement. Mais cette fois, j'ai décidé d'être moi et pas un de ces robots que le public admire tant.

J'étais pourtant l'un d'eux avant aujourd'hui. Tant de substances et de corps étrangers pullulaient en moi que je n'étais plus qu'une enveloppe charnelle.

Aujourd'hui, ma chair est meurtrie. Mes influx nerveux sont au maximum de leur capacité réceptive et je me souviens maintenant ce qu'est la douleur du jeu. Comme à mes débuts. J'avais oublié tout cela, les entraînements, les efforts fournis à chaque foulée, la pression exercée sur chaque muscle à la limite de la rupture. À l'instar du rugby dont me parlait mon grand-père. Celui de ces hommes qui se lançaient de tout leur cœur dans les mêlées, affrontaient leurs adversaires avec leur âme et leur seule force physique, inventaient un jeu tactique pour préserver leur énergie et pour fatiguer l'adversaire. Un jeu où la passe devient la solution, où l'intelligence trouve sa place.

En face de moi, Tombstone fonce droit devant lui sans chercher plus loin qu'aplatir le ballon dans l'en-but. Les autres joueurs se transforment en quilles dans son esprit. Il gagnera du terrain à la force de ses muscles modifiés, il abattra un à un ses adversaires tel un gladiateur pour qui seules comptent la survie et sa place au panthéon des Héros.

Tombstone n'est vraiment plus humain.

– Tu me fais honte ! hurla le vieux Bixente.

Roël fixait son grand-père, le visage brûlant de rage.

– Tu n'as pas le droit de fouiller dans ma chambre !

Bixente tendit sa main qui serrait une seringue et un flacon à moitié rempli d'un liquide bleu ciel.

– C'est ainsi que je t'ai appris les valeurs du sport? Avec ces cochonneries de poisons? Tu as à peine dix-huit ans…

Roël sentit ses tempes palpiter. Les muscles de son bras droit se contractèrent de colère. Ses doigts se refermèrent sur sa paume. La rage courut de son cerveau à son poing, n'attendant qu'un ordre ultime pour frapper.

– Les choses ont changé, grand-père. T'es trop vieux pour comprendre!

Le visage de Bixente se voila d'abattement.

– Crois-tu, petit, que je ne vois pas ce que l'argent a fait du rugby? Crois-tu que je sois aveugle devant tous ces joueurs qui sont prêts à tout pour la gloire? Ce n'est pas par amour du jeu qu'ils se dopent, Roël. C'est juste pour la célébrité que leur font miroiter les sponsors, rien d'autre.

– Je veux devenir un Héros des Space Ovalies, grand-père. Et pour cela, je n'ai pas d'autres choix que d'augmenter mes capacités naturelles.

– On a toujours le choix, dit Bixente.

Roël ressentit toute la déception que trahissaient ces mots.

– Le rugby est un sport d'athlètes, poursuivit le vieil homme. De gentlemen qui s'affrontent pour mesurer leur force de caractère. Ils connaissent les règles et acceptent la brutalité du jeu en se battant jusqu'à leur dernier souffle. Mais, à la fin du match,

ils se serrent la main car ils se respectent et savent qu'ils sont avant tout des hommes.

Bixente se laissa choir sur le lit encore défait de Roël. Il leva les yeux au fond desquels la colère avait abandonné le terrain à la peine.

– Tes Héros ne sont que des marionnettes qui ne pensent plus par eux-mêmes. Le rugby est devenu un spectacle de massacre entre pantins bourrés de poisons et autres atrocités inventées par la médecine.

Il se tut, caressant son petit-fils d'un regard fatigué.

– Je regrette de t'avoir offert ton premier ballon, Roël. Pardonne-moi de t'avoir conduit sur les terrains, de t'avoir entraîné vers cette issue macabre. Pourras-tu un jour me pardonner de t'avoir donné le goût de la mort ?

Roël sentit la colère le quitter peu à peu. Ses

doigts se relâchèrent. Il contempla ce vieil homme qui lui avait tout donné.

– Mais grand-père, j'aime profondément les Space Ovalies, c'est ma passion. Et je veux être un Héros.

Bixente se leva et sortit de la chambre, le dos courbé. En passant à côté de Roël, il lâcha la seringue et le flacon qui se brisèrent sur le parquet usé, et lança :

– Sois ce que tu veux être, Roël, mais reste honnête avec toi-même.

Le garçon baissa les yeux. Son grand-père était parti. Sur le sol, le liquide bleu s'étendait en une tâche qui ressemblait étrangement à une tête de mort...

Mon grand-père avait raison. Il ne faut jamais se mentir, sinon on se perd soi-même et il n'existe pas de pire ennemi que soi.

Luomu me donne une tape puissante dans le dos.

– Ça va, Lodetxi ? Je te sens moyen aujourd'hui.

Je tente de le rassurer d'un sourire le moins crispé possible. Il repart dans le match d'une foulée souple comme si les cinquante premières minutes de jeu n'avaient été qu'illusions pour lui. Ses nanomods fonctionnent à merveille. J'ai entendu dire qu'il s'était fait poser une prothèse de rapidité sur les hanches. De toute façon, la technologie de modification humaine évolue tous les jours et les Héros se doivent d'en user et d'en abuser pour rester au top. J'ai failli moi aussi me faire greffer des tibias de synthèse. Assistés de mes nanomods, ils m'auraient permis d'effectuer des courses en un temps record et de réagir avec un quart de seconde d'avance sur une parade de plaquage. Je serais devenu un buffle aussi rapide qu'un guépard, craint de tous mes adversaires. Ma conscience en avait décidé autrement.

L'arbitre siffle. Un Tartarian a mal réceptionné la balle dégagée par notre équipe. Elle lui a percuté la poitrine, glissé des mains et elle a rebondi devant lui tel un écureuil affolé. L'arbitre désigne un point imaginaire où les avants se regroupent en pack. Les huit joueurs ne sont que des Autos, les Héros encore en jeu attendent la balle dégagée par le talonneur.

Les deux packs s'encastrent l'un dans l'autre dans un bruit sourd. Notre demi de mêlée, placé sur la gauche, introduit la balle aussitôt engloutie par le monstre musculeux. J'imagine les coups qui se distribuent dans la mêlée, sous le nez de l'arbitre. J'essaye d'apercevoir le ballon maltraité par les semelles crantées.

Les Tartarians poussent et obligent les Lexariens à reculer. Notre demi de mêlée se positionne alors derrière le talonneur. La balle est là, il s'en empare et s'élance par réflexe vers l'intérieur du terrain. Il me voit. Je lis de l'espoir et une supplique muette dans ses yeux. Il compte sur moi. Sans plus attendre, il me passe le ballon d'un geste assuré. Je ne le décevrai pas. En une fraction de seconde, je constate que le champ devant moi est libre. Immédiatement, je me lance dans une course effrénée. Le public exulte. Mes jambes sont envahies de picotements de douleur à chaque foulée. Je les supplie de ne pas me lâcher. Mètre après mètre, la souffrance s'accentue. Entendre le soutien des gradins m'encourage dans ma folle chevauchée. La ligne blanche libératrice n'est plus qu'à quelques enjambées.

Je ne suis hélas pas assez rapide pour éviter la percussion de Luthor sur mon flanc gauche. Un élancement terrible me foudroie. Je m'écroule pesamment sur la pelouse en abandonnant le ballon et roule sur moi-même. Je porte immédiatement une main à ma hanche : tout a l'air en place.

Le public se déchaîne soudainement. Je relève la tête et aperçois au loin Luthor, ballon sous le bras, qui traverse le terrain en éliminant deux Lexariens sur sa route. Je préfère baisser les yeux pour ne pas assister à l'essai. Les hourras des spectateurs me renseignent suffisamment tôt sur l'issue de mon action. J'ai échoué car je ne suis plus un Héros… je ne suis qu'un homme.

Quelle folie m'est donc passée par la tête ?

Des projecteurs crachaient leur lumière intense sur Roël. Tout le monde devait voir le Héros, en particulier les caméras des différentes chaînes de Télévid.

Pour ses 21 ans, le joueur dédicaçait son autobiographie dans une grande enseigne culturelle.

Patiemment et offrant à chacun de ses futurs lecteurs un sourire avenant, il allongeait une signature ferme sur la page de garde du livre fraîchement sorti des rotatives. Un coach lui avait appris à montrer une force qui déstabilisait l'acheteur et le séduisait immédiatement. Roël enchaînait les dédicaces et ne répondait que très parcimonieusement aux questions sur le texte de cet ouvrage qu'il n'avait pas écrit, ni même lu. C'était un objet publicitaire de plus dans sa panoplie de produits dérivés. Peluches, poupées, stylos, ligne de vêtements et autres accessoires scolaires se vendaient comme des petits pains. Roël trouvait aussi le temps de tourner des publicités pour les plus grands équipementiers sportifs, éditeurs de jeux vidéo et fournisseurs de boissons distribuées à travers l'univers connu. Certes, il jouait encore au Space Ovalies, mais il choisissait ses contrats en fonction de la popularité qu'ils pouvaient lui apporter, et surtout de l'argent phénoménal qui gonflerait son compte en banque.

– Tu aimes toujours le rugby?

S'efforçant de terminer sa signature avec application, Roël réagit avec un temps de retard à cette question incongrue. Il tenta de garder son sourire artificiel. Il ne connaissait qu'une personne qui utilisait encore le mot rugby. Il se sentit mal à l'aise en levant la tête.

– Grand-père! Qu'est-ce que tu fais là?

– Je viens admirer le plus grand Héros de tous les temps. Celui qui passe plus de temps sous les projecteurs que sur un terrain à s'entraîner sérieusement.

Roël se tortilla sur son fauteuil, faisant crisser le cuir.

– Grand-père, tu sais bien que…

– Oh oui, je sais, le coupa le vieil homme. Tu es tellement bourré de ces nanos-trucs que tu n'as même pas besoin de fournir le moindre effort. Il te suffit d'appuyer sur un bouton et hop la machine est lancée. Le grand joueur de Space Ovalies peut se faire acclamer pour ses exploits de robot.

Une remontée acide piqua la gorge de Roël.

– Qui te permet ? clama-t-il.

Bixente pointa un doigt vers la foule derrière lui, tout en gardant son regard braqué sur son petit-fils.

– Le savent-ils tous ce que tu étais, et ce que tu es devenu ? Sont-ils au courant des bêtes de foire que vous êtes ? Où est le vrai rugby, ce sport que j'ai tant aimé, mon enfant ?

Roël se redressa violemment, manquant faire tomber son fauteuil derrière lui.

– C'est le passé que tu regrettes ! cracha-t-il. Tu es vieux et tu n'acceptes pas le changement. Le rugby est devenu les Space Ovalies, et il a évolué. Toi tu es une momie, un vieillard en quête de sa jeunesse disparue ! Tu es pathétique.

Roël chercha quelque chose au-delà de la foule. Puis il appela :

– Sécurité ! Dégagez-moi cet individu.

Une immense tristesse saisit le cœur de Bixente.

– Roël, qu'es-tu devenu, mon garçon ?

Le Héros défia d'un air vindicatif le regard fatigué de son grand-père.

– Je suis le plus grand Héros qu'ait connu le Space Ovalies et ma carrière ne fait que débuter.

Quatre gardes en costume noir empoignèrent le vieil homme.

– Débarrassez-moi de lui, ordonna Roël en pointant l'horizon de l'index.

Les gardes s'exécutèrent. Roël suivit son grand-père des yeux jusqu'à ce qu'il disparaisse, avalé par la foule compacte.

Roël se rassit et reprit ses dédicaces en souriant, s'excusant de cet imprévu auprès de la personne qui lui tendait son livre, un jeune garçon au regard brillant d'espoir et de rêves.

Le Héros sentit ses tripes se nouer.

Je n'ai plus revu mon grand-père depuis près de dix ans. Il a toujours refusé de répondre à mes invitations et ne m'a plus jamais ouvert sa porte. Je sais qu'il suit ma carrière, le rugby est toute sa vie, même si maintenant il s'agit de Space Ovalies.

On m'a annoncé, il y a quelques mois, qu'une maladie le rongeait et que son état se dégradait de jour en jour. Il a interdit que je lui rende visite à l'hôpital.

C'est à ce moment-là que j'ai commencé à me poser des questions, que je me suis dit que la vie n'était peut-être pas ce que j'en avais fait. Qui étais-je ? Quelle était la place de la performance dans ce sport que je croyais pratiquer avec honnêteté, un sport où les joueurs ne ressentent plus rien, n'ont plus besoin de se surpasser, de montrer ce dont ils sont capables ? Comme le disait grand-père, je n'avais qu'à actionner le bouton pour que le pantin s'agite.

Alors je lui dois bien ça. Qu'il voie une fois encore un vrai joueur donner le meilleur de lui-même sur le terrain et, surtout, qu'il assiste à un match digne de ce nom, loin de cette démonstration de force sans âme, sans intelligence.

Grant, le troisième Héros de mon équipe, a le ballon en main, prêt à relancer le match dans le camp Tartarian. Nous ne sommes qu'à un essai de l'égalisation. Je me demande encore par quel miracle nous sommes revenus au score et avons tenu jusque-là.

Luthor, Tombstone et Kant ont fait de gros dégâts dans nos rangs. Dix des Autos ont dû être remplacés. Je n'ose pas soulever mon maillot de peur d'être effrayé par les hématomes qui constellent sans doute ma peau. Mon nez, cherchant à capter le plus d'oxygène possible, n'est plus capable de sentir quoi que ce soit. Et pourtant il faut que je tienne ces cinq dernières minutes de jeu.

Grant s'apprête à frapper le ballon lorsque je l'aperçois près du banc de touche. Il est venu, dans son fauteuil roulant, une perfusion pendant sur un tube métallique au dessus de lui. Son visage est creusé par la fatigue, ses membres me paraissent minuscules. Je me rassure en me disant que c'est un effet d'optique. En revanche, son regard n'a pas changé. Ou plutôt si. Il ne me déteste plus. Une grande vague de chaleur me submerge, me faisant presque oublier la douleur.

Je lève la main vers l'arbitre. Un coup de sifflet retentit. Tous les joueurs s'arrêtent et se tournent vers moi. Le public les imite. Pourquoi demander un temps mort?

Par de grands gestes, j'incite mes coéquipiers à me rejoindre.

– Qu'est-ce que tu fous? lance tout de suite Luomu.

J'attends que tous les joueurs soient là avant de parler. Les souffles courts des Autos créent une ambiance étrange. Je les regarde tous. Ils ont peur de la défaite car la conséquence serait l'annexion de leur planète, mais une dose de rage bout encore en eux.

– Il faut jouer autrement. Leurs Héros sont très forts…

– Ce qui n'est pas ton cas aujourd'hui, Lodetxi, me coupe Grant. À croire que tu n'es rien de plus qu'un Autos.

Je lui jette un regard plein de reproches et de détermination.

– Tu as raison, Grant. J'ai joué ce match sans aucune nanomodification.

Tous les yeux se braquent sur moi, remplis d'étonnement et de frayeur.

– Mais cela ne nous a pas empêché de tenir au score. Il faut maintenant asséner un coup décisif car le temps est contre nous. Pour cela, j'aimerais que l'on modifie notre jeu.

– On prend le ballon et on les défonce, crache Luomu.

– Non, justement, nous ne passerons jamais en force. En revanche, je connais une tactique qui devrait payer.

– Et pourquoi avoir attendu si longtemps si elle peut nous permettre de remporter le match ? demanda un Autos.

– Parce qu'il fallait que vous soyez aux abois pour l'accepter.

– T'es vraiment tordu Lodetxi, dit Grant.

Je souris.

– Merci du compliment. Alors voilà, mon grand-père m'a montré des tonnes de matchs de rugby du vingtième siècle et nous pourrions…

Au fur et à mesure que je leur expose la tactique, je lis la peur, le doute puis l'intérêt sur leurs visages. Sont-ils prêts à accepter ce changement fondamental de leur mode de pensée ? Je l'espère pour eux.

Un silence déroutant accueille la fin de mon explication.

– Alors ?

Les Autos se dévisagent les uns les autres, cherchant une réponse. Grant observe ses chaussures.

Luomu brise la glace :

– Ça pourrait marcher. En tout cas, je trouve ça excitant comme façon de jouer. Ça va nous changer.

J'adresse un signe du menton aux Autos.

– Nous sommes partants, dit l'un d'eux au nom de tous.

– Alors, allons jouer au rugby.

Nous frappons dans nos mains et lançons un cri improvisé auquel le public fait écho immédiatement. Puis, nous prenons place en composant une sorte de ligne décalée sur toute la largeur du terrain.

Les Tartarians nous observent, dubitatifs. Eux reprennent leurs positions, se regroupant en face du porteur du ballon, prêts à nous rentrer dedans sans pitié.

– Vous avez peur ? lance Luthor avec son regard fou.

Je hoche la tête. L'arbitre siffle. Grant frappe à peine la balle du pied. Celle-ci plane à deux mètres pour retomber de suite dans les bras d'un Autos. Dans la seconde, Tombstone et Kant se ruent sur lui, têtes en avant. L'Autos, apeuré, regarde Luthor fondre sur sa gauche tel un vautour avide. Mais il attend, piétinant sur place. Les Autos Tartarians démarrent soudain à la suite de leurs Héros. Le public hurle, imaginant déjà le Lexarien broyé sous la charge des assaillants.

Plus que quelques mètres.

Tout à coup, l'Autos se fixe, vise son équipier de droite. Puis il lance la balle en une passe efficace qui atterrit directement dans les mains tendues. Le receveur n'attend pas pour faire rouler ses bras et lâcher le ballon vers un autre joueur.

Toute l'équipe Tartarian, qui se déplaçait en troupeau droit sur le premier porteur du ballon, paraît désorientée. En face d'elle ne reste qu'un joueur qui recule, les mains vides. Le ballon ovale, lui, poursuit son chemin de main en main.

Je me déporte sur la droite au plus fort de ma vitesse, suivant sa course. À quelques pas derrière moi, Luomu me couvre pendant que Grant surveille l'aile gauche, soutenu par deux Autos.

Luthor paraît perdu face à cette situation. Tombstone reprend ses esprits le premier et pique vers l'aile droite, en direction de la balle.

Celle-ci a changé encore deux fois de porteurs et s'approche de la ligne de touche. Le champ se réduit mais les joueurs ont progressé de trente mètres sans avoir été physiquement inquiétés. J'aperçois un sourire sur le visage de l'attaquant qui fonce vers l'en-but. Joue-t-il enfin pour le plaisir?

Sentant le danger que représente Tombstone, Luomu accélère sa foulée et se place en soutien de l'Autos. Je reste sur sa gauche, en retrait.

Le visage du Héros des Tartarians s'est transformé en masque de fureur. Il déploie toute sa puissance. Les veines de son coup palpitent. Il est prêt à pulvériser son adversaire. Chacun de ses pas fait trembler le sol. Son souffle rauque imite à la perfection un taureau en pleine charge. Mais alors qu'il ne lui reste que trois foulées avant de plaquer sauvagement l'Autos, ce dernier réagit d'une manière étrange. Le jeu aurait voulu qu'il se protège et attende le plaquage du Héros ou qu'il dégage en touche pour ne pas terminer sur une civière. Au lieu de ça, il enfonce son pied droit dans le sol, se déporte vers la gauche et, d'un mouvement léger, lâche le ballon derrière lui. Puis il se jette à terre.

Le public retient son souffle. Tombstone rugit en se jetant sur l'Autos.

Au même instant, la balle vole jusqu'aux mains de Luomu.

Mon équipier n'attend pas une seconde de plus et me la transmet.

Toute la défense Tartariane est en déroute. Un champ s'ouvre devant moi. Plus que vingt misérables petits mètres avant la ligne blanche derrière laquelle je dois aplatir.

Je supplie mon corps de m'offrir ses dernières forces afin de montrer à l'univers comment un vrai jeu de rugby peut vaincre la bestialité aveugle des Space Ovalies.

Je sens soudain des picotements remonter le long de mes jambes. Vont-elles flancher? J'expire au maximum et fonce, tête baissée, vers la victoire… Ma victoire.

Je me sens léger comme le vent. Les cris du public me transportent sur les derniers pas.

Une vision fugitive m'avertit tout à coup d'un problème. Instinctivement, j'enfonce mes crampons dans la pelouse artificielle, stoppant mon élan. Je tire tous mes muscles vers l'arrière, inversant ma course.

Tel un missile manquant sa cible, le corps imposant de Luthor me frôle la poitrine et me dépasse. S'il n'avait pas été un Héros nanomodifié, j'aurais senti les relents âcres de sa sueur. Il ne peut s'arrêter, emporté par sa colère. J'en profite alors pour redémarrer et franchir les derniers mètres.

Avec toute ma détermination, je me jette en avant, le ballon serré contre ma poitrine, et m'écrase dans l'herbe, laissant une traînée dans mon sillage.

Le coup de sifflet retentit : l'arbitre accorde l'essai. Les gradins éclatent d'une furie assourdissante.

J'ai réussi. Nous avons réussi.

Mes équipiers m'ont rejoint en hurlant. Ils s'embrassent, sautent comme des possédés, me tapent dans le dos. Mais je ne savoure pas encore totalement cette victoire sur moi-même. Je me hisse sur la pointe des pieds et scrute la ligne de touche.

Il est là, dans son fauteuil, son visage éclairé par une nouvelle lumière qui m'autorise enfin à me réjouir. Je vois son bras affaibli par la maladie se lever. Il pointe son index sur moi. Puis sa main tourne, offrant son pouce au ciel. Ses lèvres articulent quelques mots.

– Maintenant, tu es un vrai héros.

Un frisson de bonheur me parcourt la colonne vertébrale, détendant tous mes muscles. La main lourde de Luomu se pose sur mon épaule.

– J'aurais jamais cru qu'on pouvait jouer comme ça, me glisse-t-il à l'oreille. C'était… passionnant !

Et il part dans un rire retentissant. Je souris à mon tour et lui lance :

– Il faut toujours croire en la passion, mon ami.

Au tableau d'affichage, il reste deux minutes de match. Maintenant, quel que soit le résultat final, dans tous les cœurs de l'univers nous sommes déjà vainqueurs.

Un plan génial !

Un plan génial !

de Jean-Christophe Meunier
illustré par Alexandre Guillaume

I

On est mercredi après-midi. Un beau jour de septembre où un soleil estival prend plaisir à s'attarder encore. Je quitte le centre équestre où j'ai suivi mon cours d'équitation, et descends l'allée qui sépare les écuries des tribunes du stade. Quand, soudain, je vois arriver Buddy Kanovski escorté de Bruno Tarpet, un copain de son équipe de rugby. La guigne ! Je baisse la tête, en songeant que ça aurait été cool d'avoir une fusée à la place de mon sac à dos. Mais le fou m'a repéré.

– Salut têtard ! m'apostrophe Buddy. Pourquoi qu'tu marches en regardant par terre, tu cherches tes pieds ?

Son beuglement satisfait couvre celui de son copain.

Buddy Kanovski : mon pire cauchemar !

Buddy Kanovski, c'est l'extraterrestre qui fait régner la terreur dans tout Saint-Vic, la petite ville où j'habite. Depuis que je connais ce dingue, je me demande pourquoi les scientifiques ne sont toujours pas venus par ici, histoire d'examiner par quel miracle une cervelle de mouche permet à un gros bœuf pareil de se mouvoir. Pourtant, c'est ainsi. Et depuis le cours préparatoire, le Terrien que je suis ne souhaite qu'une chose : éviter ce malade !

Car Buddy Kanovski traverse sa scolarité comme un troll au milieu d'une garderie. Ce n'est pas difficile : moi, je suis en 5e, et ce balourd s'y trouve encore grâce à deux brillants redoublements. Même les terminales du lycée évitent de se frotter au bestiau. Tous ceux qui le détestent – c'est-à-dire… ben, à peu près tout le monde – l'appellent Gros Bud. Jamais en sa présence, évidemment. Oh non, surtout pas ! Faudrait être encore plus débile que lui, pour ça. Parce que, non content d'être gros, Bud est grand, très grand, même. Et dangereux, très, très dangereux ! Mon pote Ahmed, que Gros Bud a balancé samedi dernier dans la mare qui sert à l'arrosage du terrain de rugby, vous en parlerait, lui. « Les petits Beur', c'est meilleur trempés dans le chocolat ! », s'était-il esclaffé.

L'imbécile.

Donc « Bonjour Grand Bud » ai-je répondu respectueusement, en repensant à Ahmed qui cherchait désespérément sa montre dans la vase, le nez en sang.

Mais c'est déjà trop tard. Le *têtard* – moi, par conséquent – n'a pas le temps de faire un pas de plus. Je sens un choc violent, comme si un TGV m'avait déraillé dessus. La grosse main du dégénéré m'assène un grand coup sec entre les omoplates. Le temps d'écarter les bras dans un réflexe inutile, et mon vol plané m'emmène embrasser les poubelles du stade.

Gros Bud et son clone se gondolent.

– Ouais, trop fort le placage, têtard ! Essaye le rugby, t'as toutes tes chances, lance Gros Bud.

– On cherche un ballon pour dimanche, ça te dirait de t'faire tatouer Adidas sur ta face de têtard en caoutchouc ? ajoute-t-il en écrasant sa semelle sur mon front.

Puis les deux m'abandonnent à mon sort, morts de rire. Mes vêtements sont souillés par les ordures et mon crâne affiche désormais la pointure 43 des baskets de mon tortionnaire. Je me relève, le visage cramoisi de colère, aussi rouge que les traces de ketchup qui maculent mon tee-shirt. C'est surtout mon orgueil qui en a pris un coup ; ça fait des années que ça dure et j'en ai vraiment par-dessus la tête.

Alors aujourd'hui, la coupe est pleine. Aujourd'hui, moi Florian Praline, 12 ans, un mètre quarante-cinq, trente-huit kilos, je repense à toutes les fois où le hasard a mis cette terreur sur ma route… et je craque. Parce que si Gros Bud choisit ses proies au gré de ses rencontres, vu la taille de Saint-Vic avec ses six mille habitants, vu la taille du lycée avec ses cent cinquante élèves, la probabilité de se retrouver en tête-à-tête avec le mastodonte est d'au moins une fois par mois. Mille fois trop. Dix mille fois trop ! Je continue donc le chemin vers la maison, fermement décidé à mettre un terme à la tyrannie de ce pachyderme.

Le soir, je m'endors remonté à bloc, bercé par des fantasmes de surpuissance, de séances de musculation quotidiennes et d'entraînements intensifs aux sports de combats !

II

Le lendemain, apercevant l'animal qui franchit la grille du lycée en roulant des mécaniques, la réalité reprend le dessus et mes résolutions s'évanouissent. Même sur la pointe des pieds, je lui arrive à peine au nombril, et pour que j'atteigne son poids, il faudrait que Gros Bud entreprenne une grève de la faim jusqu'à sa majorité ! Ce constat me mine le moral toute la matinée et, à l'heure du déjeuner, l'appétit me manque.

– T'as pas décroché un mot, ce matin ? Tu fais un concours de muet ou quoi ? plaisante Ahmed en venant s'asseoir à notre table habituelle.

– Gros Bud, dis-je simplement en secouant la tête.

Manu et Alex nous rejoignent à ce moment-là.

– Qu'est-ce que t'as Buffalo Bill ? lance Manu en posant son plateau en face du mien. T'es tombé de cheval, hier ? T'es malade ?

– Je crois que ce taré de Kanovski a encore frappé, explique Ahmed.

– Vas-y, développe, demande Alex.

Je raconte l'épisode de la veille et mes états d'âme.

– Ça devient insupportable, s'insurge finalement Manu. Ahmed, la semaine dernière ; Flo, hier, à quand le prochain ?

– Oui ! Moi, je crois qu'il faudrait lui donner une bonne leçon ! assène soudain Ahmed.

Nous le regardons tous les trois avec le même sourire goguenard. Ahmed est un surdoué, il a deux ans d'avance et sait tout faire avec son cerveau et ses dix doigts. Windows – enfin monsieur Gourdet, le prof d'informatique des terminales – l'appelle à l'aide quand il est coincé sur son PC, et le proviseur l'a même embauché pour s'occuper des éclairages de la fête du lycée. Mais Ahmed pèse moins lourd que son cartable.

– Et qu'est-ce que tu proposes ? interviens-je en ricanant. On le coince à la tombée de la nuit, on l'attache à un arbre et on lui taille les oreilles en pointes en hurlant : arrête de nous embêter méchant Buddy !

– Ouais, super *bueno* l'idée, poursuit Alex en

levant son pouce. Et demain, on nous retrouve en morceaux dans le frigo de la cantine.

Manu acquiesce.

– T'es bien gentil Ahmed, fait-il en secouant la tête, mais Alex et Flo ont raison. D'abord, même à dix sur lui, on n'a aucune chance ; ensuite, j'aime mieux pas penser à sa vengeance.

Ahmed nous écoute d'une oreille. Je vois bien que son cerveau travaille à cent à l'heure et qu'il songe à autre chose.

– Vous n'y êtes pas du tout, coupe-t-il. Moi, je parle d'un truc qui nous débarrasserait de lui définitivement.

Il écarte son plateau et prend un ton professoral.

– J'y réfléchis depuis que ce cinglé m'a balancé à la flotte. On va le prendre à son propre jeu, celui où il se croit le plus fort : on va le défier à un match de rugby !

C'est un peu comme si le plafond de la cantine s'était effondré sur nos têtes. Manu éternue un morceau de poisson pané dans mon assiette et Alex écarquille les yeux sans réaliser qu'il pose la main dans sa purée. Moi, je dois avoir l'air stupide : j'ai la bouche ouverte comme si j'avais gobé une boule de pétanque.

Alex réagit le premier :

– Ahmed, ce soir, demande à ta mère de t'amener faire une radio du crâne, dit-il en s'essuyant la main.

Ahmed ne se démonte pas.

– Ne vous inquiétez pas, j'ai un plan, déclare-t-il sûr de lui.

– Oh, on n'est pas inquiets, réplique de nouveau

Alex. On est seulement paniqués. Parce que, dans ton super plan, ben… t'as juste oublié qu'on ne sait pas jouer au rugby, qu'on est quatre demi-portions et que l'équipe d'en face, c'est *King Kong et les cannibales*. Et puis, on ne saisit pas bien où ton idée nous mènerait.

– À l'hôpital, lâche Manu.

J'acquiesce. Observant Ahmed toujours aussi sûr de lui, j'ai pourtant le pressentiment qu'une aventure rocambolesque se profile à l'horizon.

– J'ai tout prévu, affirme-t-il. Je vous laisse d'abord le soin de dénicher trois recrues pour constituer notre équipe parce qu'on défiera Gros Bud à sept contre sept ! Ensuite, rendez-vous samedi matin au terrain de rugby pour que je vous explique mon plan.

Sur ce, il saisit son plateau et nous plante-là.

– Quatre ! signifie alors Manu avec ses doigts.

– Quatre quoi ? interroge Alex.

– Quatre recrues ! Vous devrez chercher quatre joueurs parce que *Les Aventures de Gros Bud et des sept nains,* ce sera sans moi !

Il se penche vers nous.

– Au moins, l'un de nous restera en vie pour fleurir la tombe des trois autres, ricane-t-il.

Je suis bien près d'être d'accord avec lui. Car, si Alex est très sportif et pratique l'athlétisme, il est loin d'avoir une carrure suffisante pour supporter le moindre tamponnage avec Gros Bud et ses acolytes. De son côté, Manu est peut-être très agile grâce à ses cours d'escalade, mais il est à peine plus costaud qu'Ahmed. Alors, lorsque je nous imagine tous les quatre, alignés face à l'ennemi, la vision de tricycles défiant des bulldozers me vient immédiatement à l'esprit.

Ma curiosité a pourtant le dernier mot.

– Ça ne coûte rien d'attendre de voir en quoi consiste son plan, dis-je. Il est tellement intelligent qu'il nous aura peut-être fabriqué des super pouvoirs d'ici là.

Ma blague tombe à plat et Manu me prend au mot.

– OK, Superman. Je te laisse t'occuper du casting de la "Star Ahmedemy". Je viendrai samedi, juste pour voir. Et sans doute pour mourir… de rire !

Il déserte la table à son tour. Alex en profite :

– Ouais, je suis curieux de voir quels zozos tu

réussiras à convaincre de s'embarquer dans une galère pareille.

Et lui aussi m'abandonne, en sifflotant.

Piqué au vif, je décide de relever le défi. Ahmed ne nous a jamais déçus après tout. À la récréation de quinze heures, je tente d'abord ma chance auprès de Stéphane Lemaréchal, un type de seconde assez costaud et plutôt sympa que j'ai toujours vu défendre les petits dans la cour.

– C'est une blague ? rétorque-t-il à ma proposition.

– Non, je t'assure.

Je lui explique avec conviction le match proposé par Ahmed et son projet de plan pour se débarrasser de Gros Bud.

– Un plan ?! fait Stéphane. Et c'est quoi votre plan ?

– Ben heu… C'est-à-dire qu'en fait, heu…

– … qu'en fait, t'en sais rien.

– Pour l'instant, non, mais…

– Écoute Praline, m'interrompt Stéphane, même si tu trouves deux ou trois couillons pour participer au massacre, vous n'êtes pas dans un jeu vidéo avec des vies de rechange. Réfléchis-y ! me conseille-t-il en me tapotant le front de son index.

Cela freine un instant mes ambitions, mais la détermination de mon génial copain me revient en mémoire. « Courage ! me dis-je. Ça ne coûte rien d'essayer. » Malheureusement, j'essuie ensuite les refus de deux garçons de 3e et la journée s'achève, sans succès.

– Tu montes une équipe de rugby à sept ? vient alors me demander La Taupe, à l'heure de la sortie.

La Taupe, c'est Vincent Gousset, un 3e plutôt baraqué et un peu lourdingue, toujours prêt à taper l'incruste. Baraqué mais, hélas, à moitié aveugle. Sans ses culots de bouteilles, il est incapable de faire la différence entre un aspirateur et un Boeing 747 ! Enfin bon, au point où j'en suis…

– Oui, c'est cool, hein ? dis-je plein d'espoir.

– Ah ouais, ça me botte. Et on jouerait contre qui ?

– L'équipe de Kanovski, alors…

Je n'ai pas le temps d'achever ma phrase. Le visage rose bonbon de La Taupe devient brusquement vert mal de mer, au point que je crains de le voir vomir sur mes chaussures.

– J'suis p'têt bigleux, mais j'suis pas complètement siphonné, objecte La Taupe en posant sa main sur mon épaule. Je préfère encore traverser une autoroute tout nu et sans mes lunettes !

Au bord du désespoir, je suis sur le point de lui promettre mes quarante-huit euros d'économies en dédommagement de sa participation, quand soudain une voix claironne derrière moi :

– Nous, on est à fond d'accord pour ce match au sommet, Praline !

Je me retourne rempli d'un enthousiasme indéfinissable, convaincu que ce “nous” m'ouvre de belles perspectives pour la constitution de notre équipe. Lorsque je réalise qui est en face de moi, j'ai l'impression que mon slip a pris deux tailles et demie.

Gros Bud accompagné de Tarpet.

Il arbore le sourire carnassier et débile de celui qui a pêché une sardine de vingt grammes. Avec moi dans le rôle de la sardine.

– Samedi de la semaine prochaine, lance-t-il en se frottant les mains. On s'occupe de la pub pour que le public vienne assister à la corrida. En plus, ça nous fera un bon entraînement pour le match de club du dimanche. Quelle bonne idée t'as eue, têtard !

Quelle bonne idée… tu parles !

Je remercie le ciel de ne pas avoir pris une baffe, brûlant d'une envie soudaine de supplier mes parents de déménager en Patagonie. J'aurais dû me douter que notre projet arriverait aux oreilles de Kanovski. Il fallait bien qu'il l'apprenne tôt ou tard. En fait, j'espérais au fond de moi que l'idée d'Ahmed ne resterait… qu'une idée.

Ben non. Et même carrément non ! Nous voilà désormais dos au mur. Plus question de reculer, l'ennemi est au courant de nos intentions. Et il ne nous lâchera pas d'une semelle.

En désespoir de cause, je fonce à la librairie dépenser 14,90 euros dans l'achat d'un manuel d'initiation au rugby. J'appelle ensuite Ahmed pour lui relater mes déboires. La nouvelle le comble d'aise.

– Super ! s'enthousiasme-t-il. Maintenant, on est sûrs de jouer ce match.

Ben voyons ! J'ai envie de l'étrangler. D'autant que, malgré mes supplications, il reste muet sur son plan. Le soir, incapable de m'endormir, je lis, en long, en large et en travers, le manuel que j'ai acheté. Le premier paragraphe me remonte un peu le moral.

Le rugby est un sport intelligent. On le pratique à 15 et aussi à 7. Il faut savoir réfléchir à la tactique, construire à plusieurs, et quelquefois contourner l'adversaire par des passes à la main ou des coups de pieds savamment dosés, sans forcément chercher à foncer tout droit.

« Un sport intelligent. » Ce qui laisse donc espérer que Gros Bud, avec son quotient intellectuel en dessous du niveau de la mer, est complètement nul. Je l'imagine déboulant droit devant lui comme un taureau stupide, se fichant pas mal de jouer avec ses coéquipiers autour de lui.

La suite est beaucoup moins rassurante.

Au rugby, on plaque ! En clair, le porteur du ballon devient la cible de l'adversaire et prend le risque de se faire rentrer dedans et renverser. Et sûrement piétiner, ça c'est moi qui vous le dit ! Après avoir survolé les règles du jeu, j'approfondis avec le plus grand soin le chapitre sur les techniques de passes et celui sur la manière de s'infiltrer en déjouant l'intervention de l'équipe adverse. Histoire d'éviter les fameux placages !

Je m'endors finalement vers une heure du matin, l'esprit tourmenté par une question qui m'obsède : quel est donc le plan d'Ahmed ?

III

Le lendemain, j'arrive au lycée en rasant les murs et grimpe les escaliers quatre à quatre jusqu'à ma classe. Sur le palier des 4e, j'entends alors s'élever une voix :

– Salut Destructor.

Je me retourne par réflexe. Un groupe de garçons est en train de me faire signe, le pouce dressé, pour la plupart morts de rire. Incrédule, je poursuis mon chemin. Peu à peu, je réalise l'étendue du phénomène, et peut-être des dégâts ! Car sur les vingt mètres de couloirs qui mènent à la 5e B, j'entends successivement : « Oublie pas de réserver une place à l'hôpital », « Flo, on est tous avec toi », « Dépêche-toi, t'as une semaine pour prendre trente kilos », « Tu m'fileras ta X Box avant de mourir ? » et « T'es trop mignon, fais attention à toi ! », ce qui me donne du baume au cœur, vu que ce dernier encouragement provient de Tina Celsius – la fille la plus canon des 4e – et de sa bande de copines.

Manu m'accueille, les yeux écarquillés.

– Je rêve ou il est plus célèbre que Brad Pitt ? lance-t-il à Alex.

– Tout le monde est au courant, répond notre ami. On a sans doute le charme des guerriers qui vont défier le Dragon.

Quel dragueur cet Alex ! Un regard d'une fille et le voilà de la partie. Manu se prend alors la tête à deux mains.

– Attendez ! Moi aussi, pour un sourire de Tina, je suis prêt à me faire écrabouiller par qui vous voulez !

À la plus grande satisfaction d'Ahmed qui nous rappelle à son bon souvenir.

– Eh bien, ce s'rait pas du luxe, les tombeurs. Parce que j'attends toujours les renforts !

La matinée s'achève donc sous des auspices inattendus. Alex et Manu sont avec nous, trop contents d'avoir la cote avec les filles. Ce brusque engouement féminin convainc aussi les jumeaux Lorrain, deux garçons de la même classe que Tina, de nous rejoindre. Enfin, trois candidats – un 5e C de la classe de Gros Bud, un 3e et un 4e – viennent postuler à la récré ; je n'ai plus qu'à faire mon choix. Youpi, youpla ! je suis devenu une célébrité… à qui il ne reste plus qu'une semaine à vivre, gloups !

– C'est la rançon des rugbymen en route pour la gloire, plaisante Alex, à table.

– Ouais, trop cool, s'exclame Manu, intenable. On va être les héros de toutes les filles du lycée !

– Des héros ? Attends de voir notre tête quand Gros Bud et ses molosses nous auront transformés en rillettes de Saint-Vic, dis-je en jetant un œil sur Ahmed.

Alex saisit l'occasion.

– Allez, Ahmed, c'est quoi ton plan ?

Ce dernier reste inflexible.

– J'ai dit demain !

Et il nous montre une espèce de catalogue.

– Faites-moi confiance, après le match, on fera

comme eux. Ce truc se vendra comme des petits pains.

La brochure se révèle être un calendrier où chaque mois est illustré par un joueur de rugby de l'équipe du Stade Français[1]. Tout nu.

Alex blêmit.

– Tu comptes nous faire poser à poil ? En photo ?!

Je renchéris :

– Pour un calendrier ?!

– Faut pas exagérer, tempère Ahmed, on ne voit pas le kiki.

Tandis que je manque m'étouffer, j'aperçois Manu, totalement fasciné.

– Ouaaah, les balaises ! s'exclame-t-il en avisant les athlètes photographiés. Trop la classe !

– Bon, coupe Ahmed en remballant son calendrier, vous voulez devenir des stars ? Rendez-vous demain à dix heures, au stade !

IV

Le samedi, dix heures pétantes. Nous sommes au complet : Christophe et Stéphane Lorrain, Maxime Elgoz de la 5e de Gros Bud, Alex, Manu, moi et Ahmed lesté d'une grosse valise.

– Avant d'en venir au plan proprement dit,

1. Il y a quelques années, les joueurs de rugby de l'équipe parisienne du Stade français ont participé à un calendrier sexy pour lequel ils posaient nus et dont les profits étaient reversés à diverses associations.

commence-t-il, parlons d'abord rugby. Puisqu'on va jouer, il est nécessaire de s'entraîner. Florian a déjà étudié la question, c'est lui qui se chargera des entraînements jusqu'à samedi prochain.

Je suis soulagé d'apprendre que les jumeaux ont quelques notions. Maxime Elgoz n'est d'ailleurs pas en reste, trop content de contribuer à éliminer la terreur de sa classe. Il rappelle qu'à la différence du rugby à quinze, le rugby à sept se joue sans faire de mêlée et essentiellement avec des joueurs qui se déplacent vite.

– Génial ! Gros Bud avance à deux à l'heure, rigole Manu.

– Attendons de voir les six autres, tempère Alex, circonspect.

Alors, pendant que nous convenons des séances d'entraînement qui rythmeront la semaine, Ahmed ouvre enfin la lourde valise qu'il a transbahutée jusqu'au stade.

Nous découvrons un incroyable attirail – fils électriques, puces électroniques, outils et bricoles de toutes sortes – rangé dans une multitude de tiroirs transparents. De la valise, Ahmed extrait un ordinateur portable hypersophistiqué, l'allume et insère un CD.

– C'est un programme informatique que j'ai conçu.

Il saisit un objet métallique, de la taille d'une boîte à chaussure, truffé de trous et de boutons.

– Il dirigera à distance ce "boîtier cerveau", continue-t-il.

Puis il fait coulisser un tiroir de la valise et prend une autre boîte.

– Voici des capteurs et des micros qui seront contrôlés par le cerveau, explique-t-il en l'ouvrant.

– C'est pour envoyer Gros Bud dans l'espace ? pouffe Alex.

Nous sommes tous hypnotisés par cet étonnant déballage technologique et évidemment curieux d'en connaître l'utilité. Dubitatif, j'interroge Ahmed :

– En quoi ça va nous servir pour le match ?

Ahmed se met à pianoter sur l'ordinateur comme si de rien n'était.

– *Beuuudddyy ! C'eeest Dieuuu quiii te paaarle !* fait soudain une voix caverneuse.

Instinctivement, nous nous retournons afin d'identifier sa provenance. Pourtant, à part nous sept, il n'y a personne.

– *Beuuudddyyyy, Dieuuu te paaaarle !* fait à nouveau la voix.

– C'est quoi ce délire ? s'exclame Alex.

– Ma parole, c'est Dieu en train d'appeler Gros Bud ! rétorque Manu.

– *C'eeeeest Beeernaaard Laaaporrrte qui te paaarrrle !* énonce une autre voix avec l'accent du Sud.

– Hé ! s'écrie Maxime maintenant, c'est Laporte, le sélectionneur de l'équipe de France de rugby.

– C'est quoi ce délire ? répète Alex.

– C'est ça !

Ahmed indique alors deux petites rondelles posées dans l'herbe.

– Ce sont des mini-haut-parleurs ultrapuissants, dit-il avec malice. Ils vont nous servir pour notre *Opération*.

– OK, mais comment tu fais parler Laporte, insiste Alex.

– J'ai amélioré un logiciel : t'enregistres d'abord la voix et après tu lui fais dire n'importe quoi.

Puis Ahmed prend cet air de prof que je lui connais bien.

– Le plan que j'ai conçu nécessite quelques préparatifs. Il ne s'agit pas seulement de battre Gros Bud et son équipe, il faut aussi l'empêcher de nuire pour toujours.

Il tend à chacun une feuille de papier.

– Voici toutes les étapes de l'*Opération*. Nous devrons les suivre scrupuleusement pour que le match se déroule dans certaines conditions. Il sera le point final de cette aventure.

Pendant plus d'une heure, Ahmed nous explique le fonctionnement du matériel et la manière dont nous l'utiliserons.

– C'est une vraie mission commando, conclut Christophe Lorrain.

– Ouais. Et pas question d'échouer, poursuit Alex. Car si Gros Bud réalise la supercherie, ce ne sera pas les All Blacks qu'on aura aux trousses, mais plutôt les All Claques !

V

– Allô ! Allô ! Demi de mêlée à demi d'ouverture, m'entendez-vous ?

La voix de Manu grésille dans le talkie-walkie prêté par Ahmed.

– Je t'entends pauvre nouille, dis-je en chuchotant, je suis à côté de toi. Parle moins fort, tu vas nous faire repérer.

Nous sommes tous les deux postés derrière la haie du jardin de la maison des Kanovski. Les jumeaux surveillent un bout de la rue, Alex l'autre. Maxime, quant à lui, donne un coup de main à Ahmed pour l'installation du dispositif sur le terrain de rugby.

– C'est bon, on peut y aller, fais-je à mi-voix.

Le cœur battant, nous franchissons la haie d'un bond et pénétrons dans le jardin. Il est seize heures. La maison semble vide. Gros Bud doit traîner avec ses copains et ses parents sont sûrement au travail. Nous fonçons jusqu'à la corde à linge où pendent ses affaires. Je reconnais son maillot de rugby.

– Tu coinces le mini-haut-parleur comme ça, dis-je à Manu, en collant à la super glue la minuscule pastille sous le col du tee-shirt.

Tandis que je piège le jardin, Manu s'occupe du vélo de Gros Bud. En cinq minutes, tout est en place.

– Hé, pas là !

– Ben, quoi ? s'étonne Manu.

– T'as vu la taille ? T'es en train d'en mettre une sur le caleçon de son père !

J'ose à peine imaginer la catastrophe. Je déchire l'élastique du vêtement en arrachant la pastille. Tant pis pour *papa Kanovski* s'il se retrouve les fesses à l'air. Puis nous filons comme un courant d'air.

– On a presque fini. Il a fallu attendre que le gardien du stade s'en aille, explique Ahmed lorsque nous les rejoignons.

Les deux compères achèvent de quadriller le terrain avec une bobine de fil métallique très fin. La gigantesque toile qu'ils ont tissée a disparu dans l'épaisseur du gazon ; même le nez dessus, on la distingue à peine.

– Il ne faudra pas oublier de la brancher samedi ! rappelle Maxime.

Manu nous mime une électrocution et récolte nos fous rires.

– Bon, ne perdons pas de temps, conseille Ahmed, il faut s'entraîner.

Le matériel rangé, nous entamons une longue séance de combinaisons de jeu. Parfois en ligne, les uns à côté des autres, parfois en se tournant autour, parfois en se rentrant dedans. Peu à peu, nous prenons nos marques. Le ballon se met à voler de main en main, à coup de passes croisées, de passes redoublées et, par instant, il semble même animé d'une vie propre.

– Hé ! clame Alex, on commence à être bons.

– Allez ! Encore une série, dit Ahmed. On se dépêche, parce que Flo et moi on a quelque chose à faire avant le dîner.

VI

– Voilà l'orang-outan, murmure Ahmed.

Nous sommes perchés sur un chêne de l'allée bordant le jardin des Kanovski. La vue est imprenable et l'épais feuillage nous dissimule parfaitement. De loin, nous apercevons Gros Bud qui rentre en sifflotant. Dès qu'il pénètre dans le jardin, Ahmed enclenche le programme de l'ordinateur.

– *Ka mate, Ka mate, Ka ora, Ka ora.*

Semblant venir de partout et de nulle part à la fois, une voix sourde a entonné un chant guttural. Gros Bud se fige comme s'il était pris de diarrhées. Je réprime un éclat de rire.

– *Tenei te tangata puhuruhuru, Nana i tiki mai whakawhiti te ra.*

– C'est quoi ? fais-je à Ahmed en chuchotant.

– C'est le Haka[2]. Un chant guerrier que les All Blacks interprètent avant chaque match.

Il pianote à nouveau sur le clavier.

– *Beuuuuudy, c'est le dieuuuu Akaaaaa quiiii te paaaaarle.*

Le chant reprend alors de plus belle.

– *Ah, Upane Upane, Upane Kaupane Whiti te ra.*

Gros Bud se tourne dans toutes les directions, cherchant désespérément d'où vient le son.

---

2. Le Haka est un chant et une danse du rituel maori. Les joueurs de l'équipe de Nouvelle-Zélande, appelés les All Blacks (en anglais : tout noir, car ils portent un maillot noir), l'entonnent avant chaque match.

– Qui fait ça ? grogne-t-il.

Une nouvelle pression d'Ahmed sur le clavier :

– *C'eeest le dieuuu Aka qui paaarle à ta consciennnnce Beuuuudy. Tuu essss un mauuvais gaaarçon et les essprrits sont sur toooi.*

– Oh ! c'est quoi ce délire ? s'exclame Gros Bud, désormais franchement inquiet.

– *Ka mate, Ka mate, Ka ora, Ka ora,* continue la voix.

Gros Bud s'agite maintenant dans tous les sens. La disposition des mini-haut-parleurs fait tournoyer le son et donne l'impression qu'il vient tantôt d'un côté, tantôt de l'autre. L'effet est incroyable.

– Au secours, y a des fantômes dans le jardin ! hurle alors Gros Bud.

Et il disparaît à l'intérieur de la maison.

– Suffit pour aujourd'hui, sourit Ahmed. On remet ça demain matin.

VII

– Le voilà ! crie Alex en nous rejoignant derrière un buisson du parc de la mairie.

En route pour l'école, Gros Bud débouche de sa rue, à vélo. Il pédale tant bien que mal, déjà épuisé par la petite côte qui monte depuis sa maison. Il a dû mal dormir, ses yeux cernés en témoignent.

– Vas-y, dis-je à Ahmed, il n'y a personne.

Pendant que je tiens le boîtier cerveau, Ahmed pianote sur le clavier. Au moment où Gros Bud passe devant nous, le mini-haut-parleur fixé sous le guidon lance :

– *Beuuudy, tuuu n'aas paaas éécouuuté le dieuuu Aka. Tuuu eees un mauuuvais gaaarçonn, iiil vaaa te puuuniiir.*

Pris de panique, Gros Bud se redresse vivement. Il lâche le guidon, perdant ainsi le contrôle de son vélo. Au lieu de tourner, le véhicule fonce alors tout droit sur la fontaine de la place et, butant dessus, y projette son conducteur.

– On aurait dû lui dire qu'on avait installé l'autoradio sur sa bécane, pouffe Alex.

Le temps de contempler discrètement ce qu'est un Gros Bud aquatique et nous prenons la tangente, direction l'école.

Une heure plus tard, Buddy est collé. Motif : il n'y a pas piscine le jeudi !

À midi, nous nous réunissons discrètement dans le gymnase pour faire le point. Maxime arrive tout sourire.

– C'est OK, Kanovski n'a rien vu, assure-t-il. J'ai accroché le mini-haut-parleur à la récré quand il était dans le bureau du proviseur.

– Je crois que le dindon est presque farci, se félicite Alex.

– Oui, confirme Ahmed. Et ce soir, nous passerons à la vitesse supérieure.

À la sortie des cours, Ahmed, Alex et moi suivons Gros Bud à distance. L'animal pousse son vélo dont la roue n'a pas résisté à sa rencontre avec la fontaine. Nous attendons qu'il soit seul et, quand il s'engage dans la descente vers sa maison, je prends mon courage à deux mains et l'interpelle.

– Hé Buddy ! ça tient toujours pour samedi ? Parce qu'on nous a prévenus que t'avais peur de perdre le match.

Gros Bud se retourne en sursautant, le visage décomposé par une grimace de gargouille.

– Quel est le microbe qui a dit ça ? éructe-t-il en jetant son vélo à terre et en avançant d'un pas menaçant.

Alex enclenche alors le programme de l'ordinateur dissimulé dans le cartable d'Ahmed.

– *Ka mate, Ka mate, Ka ora, Ka ora*, chante brusquement le mini-haut-parleur que Maxime a collé sur le sac à dos de Gros Bud.

Ce dernier fait volte-face, son air de tueur soudain remplacé par un masque de terreur.

– Vous avez entendu ?! demande-t-il.

Nous échangeons tous les trois des regards étonnés.

– Entendu quoi ? répond Alex.

– *Tenei te tangata puhuruhuru, Nana i tiki mai whakawhiti te ra.*

– La voix… vous entendez la voix ? hurle-t-il maintenant.

Nous continuons de faire comme si de rien n'était.

– Non, on n'entend rien, Buddy ! dis-je en levant les mains en signe de reddition. Nous tape pas, sinon, on ne jouera pas samedi.

– *Tenei te tangata puhuruhuru, Nana i tiki mai whakawhiti te ra.*

– Mais bon sang, bande de têtards, je ne parle pas de vous taper, je vous parle de la voix qui chante en martien !

Cette fois, nous battons en retraite.

– Quelle voix ? interroge Ahmed à son tour.

J'enfonce le clou :

– Fuyons les gars, Buddy est devenu fou !

Et tandis que le dieu Aka se met à parler à Gros Bud depuis son sac à dos et sa selle de vélo, nous détalons. Alex nous accompagne ensuite à toute vitesse jusqu'à notre fameux chêne stratégique et nous aide à hisser le matériel. Une minute plus tard, Gros Bud entre dans le jardin, l'air toujours aussi effrayé.

– *Buddy, tu es la honte du rugby français*, gronde alors une voix ressemblant à s'y méprendre à celle de Bernard Laporte.

Cette fois, c'en est trop : Gros Bud s'effondre à genoux comme un caniche maté par un pitbull.

– Pitié ! pleurniche-t-il, la tête blottie dans ses mains.

– *Cesse de te comporter comme un voyou, Buddy. Cesse de terroriser les autres et sois un vrai gentleman du rugby. Sinon la malédiction du dieu Aka sera sur toi !* menace encore la voix.

– Oui, oui, oui, oui, oui, oui, gémit Buddy.

– *Ka mate, Ka mate. Le dieu Aka châtie celui qui ne respecte pas les valeurs du rugby – respect et courage – en tapant sur les petits*, chante alors l'autre voix.

Je pouffe dans ma main. Gros Bud ressemble désormais à un cochon s'évertuant à rentrer dans un terrier de lapin.

– Je crois qu'il a sa dose pour aujourd'hui, sourit Ahmed. Rendez-vous samedi pour le grand jour.

Et nous rejoignons les autres pour leur rendre compte de la situation.

VIII

Le vendredi, j'oscille entre impatience et sourde angoisse. C'est cool, Gros Bud a l'air de pédaler dans la semoule ! Mais j'ai vu ses coéquipiers, un 3e et cinq 4e, apparemment pressés d'écraser les minus. Notre match est l'attraction du week-end ; toute l'école en parle. Certains veulent croire au miracle, la plupart prévoient une boucherie. Moi, je suis partagé : malgré ma confiance en Ahmed, je m'endors en espérant qu'une inondation ou un tremblement de terre aura dévasté le terrain de rugby.

Samedi matin, aux aurores, nous arrivons tous les deux pour les derniers branchements.

– T'es sûr que ça va fonctionner ?

– Si j'en suis sûr ? Tu vas voir comment ils vont réagir avec leurs chaussures à crampons métalliques, répond-il tout à fait confiant.

Puis il fourre une télécommande dans la poche de son short et nous patientons jusqu'à l'arrivée de nos amis et de nos ennemis. Une demi-heure avant le match, Gros Bud et ses terreurs prennent possession du vestiaire voisin du nôtre. Regards d'intimidation et chants guerriers sont au menu pour nous déstabiliser.

– C'est bon, tu peux y aller, il est dans les toilettes, avertit alors Maxime.

Ahmed ouvre son sac de sports et démarre le programme.

Quelques secondes plus tard, on entend un brouhaha en provenance du vestiaire.

– T'es vraiment dégueu, Buddy ! s'énerve une voix. T'as pissé partout à côté.

– C'est Bernard Laporte qui me parlait ! se justifie Gros Bud dans un hoquet paniqué.

– Dans les toilettes ? Dis donc, t'aurais pas attrapé la grippe du poulet, par hasard ? répond l'autre.

– Je t'assure, trépigne Gros Bud, depuis deux jours, le dieu des All Blacks et Bernard Laporte arrêtent pas de me causer.

Gros Bud se lance dans une explication incompréhensible et, à voir ses coéquipiers, il jette un doute sur sa santé mentale. Quand nous pénétrons sur la pelouse, je constate avec joie qu'il a l'air totalement absent. Et puis, tout s'accélère.

C'est génial ou hyperterrifiant, ça dépend comment on considère les choses. La petite tribune du stade est pleine. Il doit y avoir cent personnes – dont Tina et ses copines –, toutes acquises à notre cause. En face de nous, la bande des morts de faim s'apprête à déferler. Quand Casper Louis, le terminale qui arbitre, siffle l'engagement, je prie le ciel que le plan d'Ahmed fonctionne.

– À moi ! me crie Maxime lorsque je récupère le ballon.

Il me faut une seconde pour réaliser qu'il n'appelle pas au secours. Je lui fais une passe croisée, dans le dos. Attention, voilà la meute ! Maxime ouvre à droite sur Christophe Lorrain. À cinq mètres devant lui, un adversaire se dresse, bien plus rapide que Gros Bud ! Le premier tampon se profile. « Vas-y Ahmed, appuie sur le bouton ! » me dis-je. Christophe transmet la balle à son frère au dernier moment, en plongeant pour éviter le choc. Stéphane n'aura pas cette chance, Gros Bud et Tarpet sont trop près de lui ! Ahmed, je t'en supplie !

Soudain, les deux prédateurs trébuchent, animés de mouvements désordonnés. Tandis que l'équipe adverse semble attaquée par un essaim de guêpes, Stéphane transperce leur ligne. Vingt mètres plus loin, il aplatit un premier essai sous les acclamations. 5 points !

Gros Bud se relève, livide.

– Hé ! que s'est-il passé ? s'étonne un des joueurs.

– Ça me piquait de partout ! crie un autre.

Pendant qu'Alex transforme l'essai et ajoute deux points supplémentaires, Gros Bud arrive sur eux, hagard.

– C'est la prophétie, les foudres du ciel ! Le dieu Aka nous punit !

– T'es complètement malade ou quoi ! fait Tarpet. Allez, on se reprend et on écrabouille ces minables.

Les minables mènent 7 à 0. Ahmed m'adresse un clin d'œil. Surexcité, Tarpet botte un missile pour engager, qui rebondit trois fois avant d'atterrir dans les mains de Maxime. Notre joueur fonce sur l'aile droite, vers Gros Bud !

– Chope-le ! ordonne Tarpet.

Mais l'autre n'est déjà plus que l'ombre de lui-même et Ahmed a la main à la poche. Le dieu Aka va sûrement murmurer des gentillesses à Gros Bud depuis le col de son maillot.

Ça ne loupe pas.

– Ne le touchez pas, hurle Gros Bud en désignant Maxime, le dieu Aka m'a parlé, il va nous foudroyer !

Et il laisse passer Maxime, sous l'œil consterné de ses coéquipiers.

– Arrête de débloquer et joue, espèce de malade ! s'époumone Tarpet en fonçant couper la route de Maxime.

Une seconde plus tard, Tarpet, Gros Bud et les autres dansent sur place, les yeux exorbités. Et notre rugbyman marque un deuxième essai. Avec la transformation d'Alex, le score grimpe à 14 - 0.

– C'est pas possible, s'emporte Tarpet. Pourquoi ça pique de partout comme ça ?

Ahmed se marre et nous avec.

– Le dieu Aka, le dieu Aka, se lamente Gros Bud.

– Mais qu'est-ce qu'il a l'autre avec son Aka ? interroge un des joueurs.

– Un truc lui a peut-être grillé le cerveau mais, moi, je vois surtout qu'on est en train de prendre une raclée par des nains ! s'énerve Tarpet en s'emparant du ballon.

Sur l'engagement, Alex récupère la balle et fonce avec Christophe Lorrain à sa suite. Il se retourne au moment de percuter un joueur adverse. Aïe ! Christophe rate le ballon qui échoue chez l'adversaire. Une passe, deux passes, trois passes, l'équipe de Gros Bud file à l'essai. Le porteur esquisse même un sourire quand il se retrouve nez à nez avec Ahmed qu'il dépasse de deux têtes et d'au moins vingt kilos. Ahmed aussi sourit. Sa main a disparu dans sa poche. Un mètre avant de le tamponner, le bulldozer se désarticule, bras et jambes en l'air ; tout autour, ses copains sautillent sur place en une ridicule chorégraphie ou se tortillent comme des vers dans une poêle à frire. Ahmed n'hésite pas : il ramasse le ballon et trottine jusqu'à la ligne d'essai.

21 à 0 avec la transformation d'Alex. La foule est en délire. Et Gros Bud agenouillé au centre du terrain.

– La prophétie ! La prophétie ! Pitié, pardonnez-moi. Je serai bon et gentil.

Posté à trois mètres de lui, j'entends le mini-haut-parleur de son col :

– Ka mate, Ka mate, Ka ora, Ka ora, je suis le dieu Aka. Respecte-les, respecte-moi, sinon la foudre sur toi s'abattra.

– Que se passe-t-il enfin ? fait Tarpet en s'adressant à ses coéquipiers.

– Buddy est devenu maboul, répond l'un d'eux. En plus, y a quelque chose qui n'arrête pas de piquer ! Moi, je fiche le camp d'ici.

Il quitte le terrain et disparaît dans les vestiaires.

– Eh ben, on est plus que six, se plaint un autre. Ou plutôt cinq, corrige-t-il en indiquant Gros Bud toujours en prières.

– Et on est ridicules, conclut Bruno Tarpet, je me tire aussi !

Le public a compris. Il scande. Et un, et deux, et vingt-et-un zéro ! Et un, et deux...

Nous levons les bras tandis que nos supportrices envahissent le terrain. Manu fonce à leur rencontre, précédant Alex d'une bonne dizaine de mètres. Au moment où je m'empresse d'aller congratuler Ahmed, j'aperçois Gros Bud plonger dans la mare.

– Il a carrément pété les plombs, non ?

– C'est une petite vengeance personnelle, me répond Ahmed en me faisant un clin d'œil.

Au loin, on entend Gros Bud qui psalmodie en pataugeant dans la vase.

– Oui, mon dieu, je me purifie, je me purifie !

Le souffle du destin

Le souffle du destin

de Johan Heliot
illustré par Dominique Rousseau

Je n'avais plus songé à lord Blackmore depuis un demi-siècle, et voilà qu'en ce matin de l'année 1927, tout me revient en mémoire. C'est drôle comme les souvenirs aiment jouer les feux follets ! On les croit disparus, impalpables, et ils ressurgissent sans qu'on les y invite, au moment où l'on s'y attend le moins. Mon vieil ami Sherlock Holmes me fournirait sans doute l'explication scientifique à ce mystère, d'autant qu'il se passionne pour les mécanismes de l'inconscient depuis que les travaux du docteur Freud ont révélé leur rôle dans nos vies. Mais, exceptionnellement, je laisserai mon brillant camarade de côté, car il n'a rien à voir dans cette histoire.

Pauvre lord Edmond William Spencer Blackmore… Comme nous tous à l'époque, il n'avait pas encore vingt ans, mais déjà brûlait en lui la flamme des grands hommes, ceux dont on peut dire à coup sûr, rien qu'en les croisant, qu'ils seront du côté des vainqueurs en toutes circonstances. Pair du royaume, fils d'une noble et longue lignée de serviteurs de la couronne, il avait la carrure d'un lutteur et l'agilité d'un bretteur[1]. Bref, il possédait les deux qualités requises pour faire un joueur de rugby d'exception, qualités que l'on ne trouvait que très rarement réunies chez une même personne. Pour ma part, si ma résistance aux coups était assez élevée et si j'avais en moi assez d'énergie pour rester debout longtemps sur le terrain, je manquais singulièrement de souplesse et de vivacité, je l'avoue humblement. Nos autres camarades du Blackheath Football Club (le terme de rugby était alors réservé aux pratiquants issus de la ville du même nom), équipe formée au sein du collège de Blackheath, partageaient mon opinion à propos de lord Blackmore. Nous nous enorgueillissions de sa présence parmi nous. Sa prestance et sa noblesse rejaillissaient sur nos humbles personnes. De plus, il avait l'amabilité de nous traiter comme ses égaux, car il ne tirait aucune fierté mal placée de son titre.

Vraiment, le meilleur des camarades que l'on ait pu trouver… Il y en avait d'autres, bien entendu. Je

1. Combattant à l'épée.

songe à ce vieux Perceval Phelps qui, comme moi, attaquait sa médecine. Nous étions vite devenus inséparables, et je l'appelais plus amicalement Percy. Nous partagions notre chambre, ainsi que les bancs des salles de cours. Quand j'ai rejoint l'équipe, Percy m'a suivi. Non par amour du sport, mais parce qu'il aimait les franches parties de rigolade dont chaque entraînement et chaque match étaient l'occasion. Même si notre capitaine, Lennard Stokes, un étudiant en médecine plus âgé que nous, prenait les choses au sérieux. Lui comptait déjà de nombreuses victoires quand il accepta de prendre les joueurs de Blackheath sous son aile. Toutefois, Lennard appréciait les types comme Percy, francs et massifs, droits et réguliers, même si sa timidité l'empêchait parfois d'exprimer toutes ces qualités. Ce qui était loin d'être le cas d'un autre membre de l'équipe, Montague Druitt, étudiant taciturne et ombrageux et souvent dédaigneux envers ses camarades. Malgré son caractère peu conciliant, il avait intégré le Blackheath Football Club pour ne pas déroger à la tradition du collège.

Ici, il convient peut-être que j'explique qu'à ce moment là, les règles en vigueur sur un terrain de rugby n'étaient pas codifiées comme elles le sont aujourd'hui. Dans ce qui s'appelait encore *original football*, seul comptait vraiment le nombre de points acquis au terme du match, et peu importait les moyens de les obtenir… Cela explique que les rencontres tournaient souvent à l'affrontement physique, comme pour une vulgaire bagarre de rue, à ceci près que nous n'étions armés que de nos poings et de nos pieds. Cela suffisait néanmoins à occasionner pas mal de dégâts sur l'adversaire, car nous connaissions les techniques destinées à mettre un joueur hors service. Nous étions étudiants en médecine, ne l'oubliez pas, et le corps humain – ses faiblesses surtout – n'avait pour nous que peu de secrets !

À notre grande surprise, d'ailleurs, lord Edmond Blackmore trouva cela plutôt amusant. Lui ne se destinait pas à la médecine. Il ne fréquentait le collège que pour y parfaire une éducation déjà excellente, et non dans un but professionnel, puisqu'il était évident qu'une fois atteint l'âge d'homme, une brillante carrière au service de Sa Majesté l'attendait.

Hélas, jamais lord Blackmore n'eut l'occasion de servir le royaume comme il l'entendait. Mais ne précipitons pas les choses…

L'année était déjà bien entamée quand un bouleversement survint dans notre routine scolaire. Notre estimé professeur de mathématiques, sir Lewis Tadworth, trouva la mort après une chute de bicyclette aussi inexpliquée que stupide, sur le chemin de retour au petit cottage qu'il occupait non loin du collège. Ses fragiles vertèbres de menu vieillard – il ne devait pas peser plus de quatre-vingt-dix livres et approchait les quatre-vingts ans ! – ne résistèrent pas. On le découvrit couché sur le bord de la route, la nuque brisée, sa bicyclette en travers du corps, comme un linceul métallique.

Nous restâmes quelques jours sans professeur de mathématiques, le temps pour notre doyen de recruter un digne successeur à Lewis Tadworth. Les entraînements de l'équipe furent plutôt maussades pendant cette période, car nous avions tous une affection particulière pour lui (plutôt que pour sa matière, soyons honnête !).

Je me souviens de notre surprise quand le doyen nous présenta celui qu'il avait finalement engagé. Nous nous attendions à quelque sosie de l'infortuné Tadworth, un petit monsieur barbichu à lorgnon, le dos voûté et la voix chevrotante. Mais voici qu'à la place nous découvrîmes un jeune homme d'une dizaine d'années seulement notre aîné, de grande et belle stature, quoiqu'extrêmement maigre. Il compensait cependant cette minceur par une étonnante vitalité, qui s'exprimait dans le regard intense qu'il posait sur les choses et les êtres. Un regard, je le confesse, qui nous impressionnait lorsqu'il croisait le nôtre. Seul lord Blackmore parvenait à le soutenir assez longtemps, même s'il finissait toujours par capituler lors de ces joutes visuelles.

Sur le plan qualitatif, nous n'avions pas perdu au change, car il s'avéra très vite que ce jeune professeur était un surdoué en son genre. Au point que son intelligence des mathématiques supplantait celle du regretté Tadworth… Il nous emmenait aussi loin que possible dans ses raisonnements, aux plus extrêmes limites de notre compréhension, puis nous laissait sur place tandis qu'il se lançait dans des exposés si novateurs et vertigineux que nous restions béats, à l'écouter sans rien y comprendre. Mais nous devinions instinctivement que, sous des apparences de délire, une pensée d'exception était à l'œuvre dans ce crâne enfiévré. Aussi, cinq heures par semaine, nous venions assister en spectateurs timides et impressionnés à ce qui relevait davantage d'une conférence que d'un simple cours. Nous n'essayions même pas de suivre et – il faut lui rendre cette justice – notre nouveau professeur ne s'en formalisait pas. Nous avions passé un pacte, lui et nous : nous ne le chahutions pas – personne ne l'aurait osé, je crois – et, en échange, il nous donnait les notes nécessaires à la poursuite de notre cursus. Les mathématiques n'étaient déjà pas indispensables à l'obtention d'un diplôme de médecine – elles le sont encore moins aujourd'hui !

Tout aurait pu continuer ainsi jusqu'à ce que la vie finisse par nous séparer, mes camarades et moi, comme elle a l'habitude de le faire quand les études s'achèvent. Mais il y eut ce jour tragique de mai 1869, qui marqua le reste de mon existence à tout jamais. Nous venions de quitter le cours de mathématiques, où, une fois de plus, notre nouveau professeur avait fait preuve de son talent oratoire, nous subjuguant. Je crois me souvenir qu'il avait été question de formules capables de mettre en équation certaines lois fondamentales de l'univers, rien de moins, et d'ainsi prévoir scientifiquement ce que la nature, ou Dieu pour les croyants, arrangeait apparemment au hasard. En sortant de la salle, mon cher Percy Phelps avait lâché un soupir :

– Quelle barbe, John ! Ce type est peut-être un génie, mais pourquoi faut-il qu'il nous parle de choses aussi énigmatiques ?

– Je crois qu'il essaie sincèrement de nous faire comprendre ses idées, était intervenu Blackmore. En vérité, il me semble qu'il cherche à éveiller notre entendement à sa conception révolutionnaire de la science.

J'avais à mon tour pris la parole :

– C'est étrange, mais je le crois aussi. Toutefois, convenez qu'il n'a pas sa place dans un simple collège. Un professeur aussi brillant ne devrait pas perdre son temps avec de futurs médecins…

Tous avaient acquiescé, y compris lord Edmond Blackmore, même s'il n'était pas concerné. Nous avions ensuite rejoint le terrain de sports. Lennard Stokes, l'entraîneur, nous y attendait. Nous avions rapidement passé nos tenues : pantalons longs, maillots aux couleurs du collège, ceinture et chaussures de cuir. Puis nous nous étions échauffés en effectuant trois tours du terrain à petites foulées. Ensuite, nous avions formé deux équipes réduites par tirage au sort. Lord Blackmore et Percy s'étaient trouvés du même côté, tandis que je rejoignais d'autres camarades. Stokes avait engagé la partie comme il en avait l'habitude, en lançant le ballon aussi haut que possible au milieu du terrain. À charge pour le joueur le plus déterminé de le récupérer !

Nous avions tous le regard rivé sur le projectile de cuir cousu, qui effectuait sa longue parabole dans l'air chargé d'humidité – il avait plu, ce jour-là. Le terrain jouxtant le bâtiment des salles de cours, nous apercevions à travers les fenêtres les visages de certains élèves parmi les moins attentionnés. Parfois, l'un d'eux nous adressait un signe d'encouragement.

J'ai soudain entendu une voix aigrelette résonner à mes oreilles :

– Il est pour vous, John !

J'ai reconnu le timbre particulier de Montague Druitt, qui courait derrière moi. J'eus à peine le temps de focaliser mon attention sur le jeu et de tendre les bras que le ballon me percutait la poitrine, manquant me couper le souffle. Aussitôt, par réflexe, je le serrai contre moi et me préparai au choc. Lequel ne manqua pas d'arriver deux ou trois secondes plus tard. Plusieurs adversaires me cueillirent aux jambes et au bassin, me plaquant dans la boue. Je m'effondrai sans lâcher le ballon, surveillant du coin de l'œil mes partenaires qui se positionnaient pour récupérer le précieux ovale de cuir.

Je parvins à faire glisser le ballon sous l'amas de membres épars qui me recouvraient. Une fois libéré de mon fardeau de chair humaine, je me relevai et retrouvai ma respiration. Pendant ce temps, le jeu s'était déplacé en direction de la ligne de but adverse. Je m'élançai à la suite du gros de la troupe, qui se bagarrait joyeusement pour la possession du ballon, cinq ou six yards[2] plus loin. La silhouette de lord Blackmore émergea d'un coup de la mêlée. Une fois encore, son incroyable agilité avait fait la différence.

2. Unité de mesure anglaise, égale à 0,914 m.

Je le vis filer comme une fusée chinoise vers ma propre ligne de but, alors que les autres joueurs n'avaient pas encore réalisé ce qui se passait. Je tentai de l'intercepter, sachant pertinemment que j'en étais incapable. Toutefois, Lennard Stokes ne m'aurait pas pardonné de n'avoir rien tenté ! Je me mis à courir vers le jeune lord. Celui-ci m'adressa un sourire, désolé à l'avance du traitement qu'il me réservait. Il feinta à gauche, mais je ne me laissai pas surprendre. Au dernier moment, il bondit sur la droite, me planta son coude entre les côtes sans ralentir et reprit de la vitesse tandis que je vacillai, luttant pour ne pas m'effondrer.

Mes équipiers me dépassèrent sans mal, cavalant comme des dératés pour essayer de rattraper lord Blackmore, aussi vainement que s'ils poursuivaient un lévrier. Une poignée de seconde plus tard, notre noble camarade ouvrait le score. Quand il regagna le milieu du terrain pour la remise en jeu, il me tendit la main.

– Sans rancune, John. J'avoue que vous avez failli m'avoir…

– Trop aimable, mais je n'en crois rien !

Il sourit à nouveau. La partie reprit de plus belle. L'équipe du jeune lord conserva son avance au score, malgré tous nos efforts. Notre capitaine, Richard Kraven, se démena comme un beau diable, parvenant à déposer le ballon au-delà de la ligne de but adverse trois fois. Mais cela ne suffit pas. Pour ma part, je me contentai d'assurer un rôle de défenseur, n'étant pas assez rapide pour tenter de faire progresser le score. Je parvins à plaquer plusieurs joueurs moins vifs que lord Blackmore. Ce dernier semblait infatigable. Un moment, le ballon se trouva entre les mains de l'infortuné Druitt par le plus grand des hasards, car Montague était un piètre joueur. On vit alors Blackmore surgir d'une mêlée, couvert de boue, tel un démon revenu des Enfers ; puis Druitt effectuer un vol plané avant de se recevoir rudement sur le dos. Je doute qu'il ait compris ce qui lui arrivait… Le temps qu'il reprenne ses esprits, le lord avait encore marqué.

Stokes siffla une pause, bienvenue. Je m'approchai de Montague, qui se massait la poitrine, là où il avait reçu un coup.

– Ça va, mon vieux ?

– Laissez-moi, je n'ai pas besoin de votre commisération, John !

Je n'étais qu'à moitié surpris par sa réaction. Le mauvais caractère de Druitt en faisait un camarade guère fréquentable. Mais je remarquai aussi qu'il avait les joues rouges, sous l'effet de l'indignation ou de la colère. Je me crus obligé d'ajouter :

– Allons, ce n'est qu'un jeu…

– Pour vous et cet aristocrate, peut-être, cracha Druitt. Pour moi, c'est bien plus, John.

Il s'éloigna avant que j'aie pu lui demander de s'expliquer. Stokes siffla la reprise de la partie. J'oubliai l'anecdote pour me concentrer à nouveau sur le match.

Le drame survint peu après. Apparemment galvanisé par ce qu'il considérait comme une humiliation,

Druitt s'arrangea pour récupérer le ballon au terme d'une mêlée. Il héla Blackmore, bien placé à une vingtaine de yards, puis il arma son bras et effectua un lancer parfait, d'une puissance inouïe la rage devait y être pour beaucoup. Je vis le ballon fendre l'air en tournoyant, à la manière d'un obus au sortir d'un fût de canon. J'entendis l'impact quand le projectile frappa lord Blackmore à la tempe. Druitt avait volontairement visé la tête de son équipier !

Le temps parut soudain se figer. Blackmore s'immobilisa lui aussi, un sourire étonné aux lèvres, avant de basculer lentement en arrière. Stokes siffla un arrêt de jeu. Nous nous précipitâmes vers notre camarade, étendu dans une flaque boueuse, dans une position qui n'augurait rien de bon…

Nous étions de futurs médecins, je l'ai déjà rappelé. Aussi comprîmes-nous tous immédiatement que l'incroyable s'était produit : le choc avait tué net le jeune lord Blackmore !

Aussitôt, l'effervescence nous gagna. Plusieurs camarades saisirent Montague Druitt au collet et entreprirent de le malmener. Il fallut toute l'autorité de Stokes pour qu'il échappe au lynchage. L'entraîneur commanda qu'on le conduise immédiatement dans sa chambre et qu'on l'y maintienne sous bonne garde. Il désigna ensuite Phelps et un autre élève, qu'il chargea de courir avertir le doyen. Puis Stokes souleva délicatement le corps du défunt. Nous le suivîmes en silence jusqu'à l'infirmerie, où il allongea le pauvre Blackmore sur un lit. Je parvins à me glisser au plus près, suffisamment pour voir la marque laissée par le ballon sur la tempe. La peau violaçait déjà, sur une surface à peine plus grande qu'un ongle. Le coup avait dû être d'une violence terrible pour causer une commotion mortelle.

J'aurais voulu examiner la blessure, mais Stokes nous fit décamper. Personne n'osa protester. Dépités, nous regagnâmes la salle de douches, puis nos chambres, en attendant l'heure du repas. Phelps me rejoignit bientôt, apportant des nouvelles.

– Le doyen a averti la police. Un inspecteur dépêché exprès par Scotland Yard va arriver.

– Un inspecteur ? Ce n'est qu'un accident…

– Tu en es sûr ? Tu as vu Montague Druitt après que Blackmore l'a bousculé… Ce gars-là a toujours été rancunier.

– Certes. Mais de là à tuer…

– Il ne voulait sûrement pas causer la mort du lord, mais il voulait se venger, c'est certain.

Je hochai le menton. Je connaissais assez Druitt pour savoir que c'était sans doute la vérité. Toutefois, quelque chose me troublait, que je ne parvenais pas à saisir. J'avais encore en mémoire l'étrange remarque de Montague, quand il avait lancé, comme on le fait d'un défi, que, pour lui, la partie n'avait rien d'un jeu. Il était d'origine modeste, plus encore que moi qui disposais d'une bourse pour poursuivre mes études. Et mes parents n'étaient pas dans le dénuement le plus total, ce qui était hélas le cas pour Druitt. Rien d'étonnant à ce qu'il considérât alors un pair du royaume comme son ennemi, ainsi que le font les exaltés.

Le dîner fut particulièrement triste ce soir-là. Le doyen nous rejoignit pour une prière commune. Je refoulais mes larmes, ainsi que la plupart de mes camarades de classe. Du côté des professeurs, attablés dans le fond du réfectoire sur une estrade d'où ils dominaient la salle, je constatai que la peine régnait également. Les mines étaient défaites, les expressions maussades. À une exception près toutefois : notre nouveau professeur de mathématiques, engoncé comme à son habitude dans un strict habit noir qui le faisait ressembler à quelque austère *clergyman*, conservait un air détaché. D'abord, je considérai que cela n'avait rien d'étonnant : il était le dernier arrivé à Blackheath et n'avait pas eu le temps de nouer de relation avec ses élèves. Mais le détail qui m'avait obnubilé tantôt dans ma chambre me revint alors à l'esprit. Quand j'avais suivi la course du ballon au moment de l'engagement du jeu et que mon regard avait momentanément longé la façade du bâtiment des cours, j'avais entraperçu un mouvement fugitif à la fenêtre de la salle de mathématiques. Or celle-ci devait en principe être déserte à cette heure de la journée. Je n'aurais pu le jurer, mais il m'avait semblé distinguer la longue silhouette émaciée de notre professeur dans l'entrebâillement de la fenêtre.

Sitôt le repas achevé, je m'en ouvris à Phelps.

– Et alors ? Qu'est-ce que cela prouve, John ?

– Rien, du moins pas encore... Je n'ai pourtant pas rêvé. Que faisait le professeur à cet endroit à ce moment-là ?

– Il assistait au match, voilà tout.

– Ce n'est pas le meilleur point de vue, loin s'en faut.

– Il devait préparer un de ses fameux cours et il aura voulu se distraire un peu.

– Franchement, je ne crois pas que ça soit son genre.

– Alors, quoi d'autre, John ?

Je n'en savais rien. Mais j'étais déterminé à enquêter pour le découvrir. Malgré son scepticisme, je n'eus guère de mal à convaincre Percy de m'assister, par amitié. S'il se montrait plutôt timide avec les inconnus, ses amis pouvaient néanmoins compter sur lui. Il convint avec moi que nous devions, par la même occasion, lever le voile sur le mystère de la présence à Blackheath de cet homme si savant. Pour cela, de l'audace s'avérait nécessaire. Je ne proposai rien moins que visiter en douce la chambre de l'énigmatique professeur.

– Il s'agit d'une effraction, un délit puni par la loi, fit remarquer Percy, comme si je l'ignorais. En outre, ajouta-t-il, nous risquons d'être renvoyés du collège.

– Pas si nous ne nous faisons pas prendre. Et c'est moi qui pénétrerai chez lui ; toi, tu surveilleras les environs. Nous agirons demain à la première heure, pendant qu'il fait cours aux premières années.

Ainsi en fut-il décidé.

Je parvins difficilement à trouver le sommeil cette nuit-là. J'entendis Percy se retourner dans son lit avec nervosité, lui aussi. La mort de lord Blackmore avait perturbé nos jeunes consciences – c'était la première fois que nous étions confrontés à la disparition brutale d'un garçon de notre âge. Nous venions de découvrir que nous n'étions pas immortels, franchissant ainsi un pas décisif sur le chemin de la maturité.

Le lendemain matin, nous étions à pied d'œuvre dès le petit-déjeuner. Les conversations portèrent exclusivement sur le drame de la veille. L'absence de Druitt, toujours consigné dans sa chambre sous la garde d'étudiants plus âgés, déliait les langues. Pour nos camarades, ses mauvaises intentions ne faisaient aucun doute. La culpabilité de Montague était une affaire classée, avant même que l'inspecteur du Yard ne débarque.

La cloche sonna enfin le début des cours. Les professeurs abandonnèrent leur table et se dirigèrent vers leurs salles respectives, bientôt suivis par leurs élèves. Percy et moi nous séparâmes de notre groupe au détour d'un couloir. Nous gagnâmes l'étage réservé aux logements du corps enseignant, dans une aile annexe du bâtiment principal. Seuls les plus vieux professeurs vivaient en dehors du collège. Les autres, qui espéraient ne pas faire carrière à Blackheath, se contentaient volontiers d'une coquette chambre avec cabinet de toilette, plutôt confortable. Celle du remplaçant de Tadworth se trouvait à l'extrémité du couloir. Je demandai à Percy de se tenir au sommet de la rampe d'escalier et de siffler si jamais quelqu'un grimpait. Puis je m'attaquai à la serrure de la porte. Les doigts d'un médecin sont rompus à certains exercices d'habileté et, s'ils ne sont pas aussi sensibles que ceux d'un prestidigitateur ou d'un cambrioleur, ils n'en demeurent pas moins efficaces. Par la suite, durant ma collaboration avec le grand Sherlock Holmes, il m'est d'ailleurs arrivé d'user à nouveau de mes talents de crocheteur. Avec l'aide d'un outil idoine – en l'occurrence un spéculum destiné ordinairement à l'élargissement des cavités nasales –, je forçai la serrure en moins de cinq minutes.

L'intérieur de la chambre était plutôt spartiate. Le remplaçant avait voyagé léger. Je remarquai peu de vêtements dans la penderie, tous d'un noir profond. Sur le secrétaire, une pile de documents manuscrits côtoyait de savants ouvrages sur des sujets pour moi ésotériques : traités sur la composition des corps célestes, précis d'algèbre, études astronomiques…

Un opuscule attira plus particulièrement mon attention car il était signé du nom même de notre nouveau professeur. Son titre était *Dynamique d'un astéroïde.* En le consultant, je constatai qu'il s'agissait de sa thèse, publiée à vingt ans seulement ! La prose scientifique qu'elle contenait m'était aussi étrangère qu'un dialecte des Indes, mais le résumé de la préface me laissa songeur. Apparemment, elle traitait de la possibilité de prévoir avec exactitude la trajectoire d'un astre errant, quelle que fût sa taille ou sa composition. Autrement dit, notre professeur avait trouvé le moyen de calculer la manière de diriger n'importe quel corps en mouvement dans l'espace, du plus gros, comme une planète, au plus infinitésimal, plus fin qu'une poussière !

Je reposai le livre à sa place, perplexe. Je n'étais pourtant pas au bout de mes surprises. En procédant à une fouille méthodique de la literie, je fis une découverte surprenante, entre le sommier et le matelas. J'aperçus d'abord une espèce de tube métallique recourbé à une extrémité, et qui se prolongeait en s'amincissant à l'autre. Je crus avoir mis la main sur une béquille, objet assez commun pour un étudiant en médecine. Mais qu'est-ce qu'une béquille ferait cachée dans la chambre d'un professeur qui ne boitait même pas ? Soulevant le sommier, je trouvai d'autres tubes du même métal, plus courts toutefois, ainsi qu'un étrange mécanisme doté d'une manivelle. Chaque pièce semblait s'adapter l'une à l'autre pour former je ne sais quoi…

C'était plus que troublant. Je n'eus pas le loisir de

m'interroger davantage : un sifflement discret m'avertit qu'on arrivait. Je remis le sommier en place et me dirigeai, le cœur battant, vers la porte. J'entendis des pas qui approchaient. J'eus à peine le temps de me faufiler derrière le paravent tendu dans le fond du cabinet de toilette que la porte s'ouvrait à la volée.

Le professeur de mathématiques referma avec soin derrière lui, avant de lâcher d'une voix sereine :

– Resterez-vous caché, ou bien me prêterez-vous la main pour faire ma valise ?

Comment avait-il pu deviner ? La serrure, bien sûr ! Je n'avais pas verrouillé derrière moi. Je pris mon courage à deux mains et quittai ma cachette.

– Ah ! John Watson… Je suppose que ce n'est pas un hasard si j'ai croisé Perceval Phelps dans l'escalier. Le pauvre était plus pâle qu'un spectre !

Tout en parlant, il réunissait ses maigres effets dans une valise en carton bouilli. Je mis dans ma voix toute l'autorité possible pour demander :

– Vous nous quittez déjà, professeur ?

Il me fixa un moment de son œil noir et brillant, la tête oscillant de gauche à droite au bout de son long cou sous l'effet d'un tic curieux, à la manière des serpents cobras.

– L'enseignement n'est pas pour moi, dit-il finalement. N'y voyez aucune offense, mais vos jeunes esprits sont encore trop obtus… À la vérité, je rêve de rencontrer quelqu'un dont l'intelligence pourrait se mesurer à la mienne. Enfin, peut-être qu'un jour…

Il avait bouclé sa valise. Il rangea ensuite ses livres, dont la thèse, dans un sac de toile. Puis il s'approcha de la porte. Je rassemblai mon courage pour lancer :

– Vous êtes sûr de ne rien oublier ?

Le professeur se retourna et me sourit. Je frémis, malgré moi.

– Je vous abandonne volontiers mon joujou, jeune Watson. D'une part, il m'encombrerait et, d'autre part, il vous permettra de comprendre ce qui s'est passé. Car c'est bien la raison pour laquelle vous vous êtes introduit par effraction dans ma chambre, n'est-ce pas ?

J'acquiesçai avant de reprendre :

– Vous n'allez pas vous en tirer ainsi !

– Je vous demande pardon ? Démissionner de son poste n'est pas un crime que je sache ! J'ai remis ce matin une lettre à monsieur le doyen. J'espère sincèrement qu'il trouvera vite un remplaçant.

– Mais, pour lord Blackmore…

La réaction du professeur à l'énoncé de ce simple nom me sidéra. Pour la première fois, je le vis sortir de ses gonds.

– Assez avec ces maudits Blackmore ! La lignée vient de s'éteindre ici même ! Le jeune lord était le dernier de cette engeance encore en vie… Pourquoi croyez-vous que je me sois arrangé pour jouer les professeurs de pacotille dans ce trou ?

– Arrangé ? Je ne comprends pas… Vous n'insinuez tout de même pas que l'accident mortel de monsieur Tadworth…

– Je constate que vous êtes un garçon intelligent, jeune Watson. Vous comprenez vite. Il me fallait bien trouver le moyen de me faire embaucher ici. Je n'allais tout de même pas attendre que votre vieux professeur prenne sa retraite !

– Oh, misérable !

Il écarta l'injure d'un geste.

– Estimez-vous heureux de ne pas représenter d'obstacle sur mon chemin. Sans cela, je n'aurais aucun scrupule à vous en écarter d'une pichenette, dût-elle s'avérer mortelle, elle aussi.

– Mais pourquoi avoir échafaudé un plan pareil ? Je ne comprends pas...

– Pour votre gouverne, sachez que je dois aux Blackmore la déchéance de ma propre famille, anéantie par l'appétit vorace du vieux lord pour les terres fertiles... Il a exproprié mon père, malgré son grand âge, le poussant à la ruine. Mes frères et moi nous sommes jurés de le venger. Hélas, l'un est parti aux Indes, l'autre travaille pour le chemin de fer. Ne restait plus que moi. J'ai tenu ma promesse et débarrassé cette terre de tous ceux qui portaient le nom honni !

– Vous êtes fou !

– Croyez-vous qu'un fou aurait pu en remontrer aux plus grands esprits du royaume comme je l'ai fait à vingt ans ! hurla-t-il. Personne ne soutient la comparaison avec moi, jeune Watson. Personne ! Il n'est pas encore né celui qui parviendra à prendre au piège James Moriarty[3] !

Ce en quoi il se trompait, mais il ne devait faire la

3. Il s'agit du futur et pire ennemi de Sherlock Holmes, dont Watson, devenu docteur, rapportera les aventures.

connaissance de mon vieux camarade Sherlock Holmes que bien des années plus tard…

Le professeur Moriarty sortit en claquant la porte derrière lui. Je me précipitai pour essayer de l'arrêter. Je ne le trouvai nulle part, ni dans l'escalier ni dans le vestibule. En revanche, je tombai sur Percy, accompagné d'un individu rougeaud portant des rouflaquettes.

– C'est l'inspecteur, me souffla-t-il.

Je le mis aussitôt au courant de mes découvertes. L'homme du Yard paraissait perplexe. Il tenait un coupable tout désigné en la personne de Montague Druitt et voilà que je le lui ôtai.

– Et comment votre professeur de mathématiques s'y serait-il pris pour foudroyer à distance le jeune lord Blackmore ? me demanda-t-il.

– Grâce à son joujou ! Venez, je vais vous le montrer.

Une fois dans la chambre, je retournai carrément le sommier. Puis j'emboîtai les tubes les uns dans les autres, et encastrai le dispositif à manivelle à l'endroit qui convenait.

– Drôle d'engin, dit l'inspecteur. Ça ressemble à…

– Un fusil, compléta Percy. Mais où charge-t-on la poudre et la balle ?

– Ce n'est pas ce genre de fusil. Nous n'avons pas entendu de détonation au moment où Moriarty a tiré sur lord Blackmore.

Je me mis à tourner la manivelle. Elle opposa une résistance de plus en plus forte à mes efforts, jusqu'à se bloquer complètement. On entendit un bruit d'aspiration. Je compris alors de quoi il s'agissait.

– Un fusil à air comprimé ! m'exclamai-je. Le mécanisme à la manivelle sert à vider l'air dans le canon. N'importe quel projectile de taille adéquate peut être tiré ensuite. J'imagine que le professeur n'a eu que l'embarras du choix. Sans doute a-t-il utilisé un simple caillou. Inutile de rechercher une balle de métal sur le terrain.

– Tout cela me paraît bien compliqué, jeune homme, fit l'inspecteur. De plus, cela implique que votre professeur soit un fameux tireur !

– Sa thèse ! Moriarty est un expert dans l'art du calcul des trajectoires, expliquai-je. Je suis certain qu'il est capable d'expédier une simple particule de poussière dans l'œil d'un ennemi... Dites-moi, inspecteur, comment le vieux lord Blackmore est-il décédé ?

L'homme du Yard fronça les sourcils.

– À ma connaissance, un domestique l'a trouvé qui s'étouffait dans son lit. Il n'a rien pu faire. Le médecin qui est intervenu, hélas trop tard, a retiré de sa gorge une petite boulette de plumes provenant de son édredon.

– Il ne l'a pas avalée par hasard, croyez-moi ! Moriarty et son fusil à air comprimé ont dû s'arranger pour parvenir à ce résultat. Et je suis sûr que si vous examinez la bicyclette de feu Lewis Tadworth, vous découvrirez l'impact d'un caillou quelque part sur un pneu.

– À vous entendre, jeune homme, ce Moriarty

serait le diable incarné ! Allons, un peu de sérieux. J'admets que la présence de cet engin est intrigante. Mais quoi ? Le professeur doit être un passionné des mécanismes étranges, ce qui n'a en soi rien de répréhensible.

– Pourquoi a-t-il fui avant votre arrivée, alors ? Sinon pour se dérober à l'interrogatoire...

– Rien ne permet d'affirmer qu'il a fui. Vous m'avez parlé d'une démission. Je suis sûr que nous n'allons pas tarder à le voir réapparaître...

L'inspecteur avait raison, hélas ! Moriarty est bien revenu par la suite, et pas qu'une fois. Heureusement, entre-temps, son vœu de voir se lever face à lui une intelligence qui l'égalât avait été exaucé en la personne de mon ami Sherlock Holmes. Mais en 1869, il ne l'avait pas encore rencontré...

– Que va-t-il arriver à Druitt ? demandai-je.

– Je suppose qu'il sera condamné à une peine de prison. Même s'il s'avère qu'il ne l'a pas fait exprès, son geste malheureux a entraîné la mort d'un pair du royaume.

Je n'insistai pas. Pauvre Montague Druitt ! Il allait subir une terrible peine, alors qu'il n'était guère coupable que de rancœur et de mauvaise humeur.

J'appris plus tard, dans les journaux, qu'il effectua un court séjour derrière les barreaux, ce qui compromit sa carrière de médecin. Pourtant, près de vingt années plus tard, je découvris que Montague Druitt était devenu avocat, peut-être pour servir une justice qui l'avait ignoré... Son nom reparut dans la presse à la toute fin de l'année 1888. Terrible année pour les pauvres filles de joie de l'East End londonien, traquées par un monstre connu sous le pseudonyme de Jack l'Éventreur. Le 31 décembre 1888, peu après le meurtre de Mary Kelly, l'une d'entre elles, le corps de Montague John Druitt, homme de loi aux solides rudiments de médecine, fut repêché dans la Tamise. Triste réveillon pour mon ancien camarade d'études que l'on soupçonna d'être le tueur – mais il ne fut pas le seul.

Quoi qu'il en fût en vérité, Montague emporta son secret dans la mort. Pour ma part, je ne doute pas que le véritable monstre est celui qui a laissé un jeune étudiant taciturne payer pour le crime de lord Edmond Blackmore. J'ai encore quelque part le fusil à air comprimé utilisé par le professeur pour accomplir son sinistre forfait. Je l'ai un jour montré à Holmes. Il ne lui a pas fallu plus d'une dizaine de secondes d'observation pour corroborer ce que j'avais seulement deviné à l'époque. C'était pour lui élémentaire…

Le croirez-vous ? Aujourd'hui encore, près de soixante années après les faits, je m'en veux de n'avoir pas pu retenir James Moriarty, ni prouver sa culpabilité. Parce qu'alors, bien des vies auraient été épargnées, à commencer par celle de Montague Druitt. Mais on ne récrit pas l'histoire, on se contente de la vivre, aussi injuste soit-elle. Si ma longue existence m'a appris une seule chose, c'est bien celle-là, et je vous la révèle volontiers…

Docteur John Watson,
Londres, 1927

Héroïc-Rugby

Héroïc-Rugby

d'Emmanuel Viau
illustré par David Revoy

Ne pas penser.

Ne pas penser à l'endroit où je suis, ni contre qui je joue.

L'odeur des vestiaires est terrible… Ces vestiaires, creusés sous terre il y a des centaines d'années, n'ont jamais été aérés. On prétend que l'infirmerie se trouve en dessous et que, encore plus bas, s'étend l'endroit où sont jetés les corps de ceux qui…

Ne pas ouvrir les yeux.

Ne pas voir contre qui je joue.

Je me dis que si je ferme les yeux, ils vont m'oublier. Ils sont si grands… Je pourrais servir de protection sur le tibia ou l'avant-bras de Purch, le pilier. Un protège-tibia, ça s'oublie ; une coudière, ça se perd !

On ne m'oublie pas ; on ne me perd pas. Quelqu'un me saisit et me jette en l'air, comme si je ne pesais pas plus lourd qu'un petit sanglier.

– Allez Plooka, tu vas les transpercer !

– Te fais pas aplatir !

Gros rires. J'entends les derniers mots d'Orglocoach suivis des vociférations agressives de l'équipe.

– Il faut gagner le match, tas de larves !

– RAAAAAAH !

Gagner le match, sinon…

Ne pas me souvenir pourquoi je joue et où je joue.

Ne pas ouvrir les yeux, ne pas penser, ne pas me souvenir : tout cela est bien difficile.

Les yeux toujours fermés, je suis le mouvement. On quitte les vestiaires. L'odeur d'humidité, déjà très forte, devient épouvantable. Je tends les bras devant moi et me tiens au short de l'un de mes équipiers.

– Eh ! Plooka, entends-je, tu vas jouer tout le match à l'aveugle ?

Des rires fusent, pas forcément méchants. Car les gars de mon équipe connaissent la difficulté d'être moi au milieu d'eux, et l'enjeu d'un match comme celui-ci.

Je ne réponds pas. De toute façon, ma voix aurait été noyée au milieu du brouhaha ambiant. Orglocoach crie ses dernières recommandations sachant qu'une fois sur le terrain, on ne l'écoutera plus, on ne l'entendra plus.

Plus nous montons vers la surface, plus l'atmosphère se tend. L'odeur de vase fait place à celle, plus âcre, des fumées des brasiers dressés dans les gradins. Les bruits de la foule remplissent l'espace.

Le fait de garder les yeux clos amplifie toutes mes sensations. Je perçois l'inquiétude dans le cœur de mes compagnons. Je palpe même la peur derrière chacune de leur parole. Une idée débile me traverse alors le cerveau : « Et si je jouais comme ça ? Arriverais-je à éviter plus facilement les arrières ? »

Purch et Smoiler, les deux piliers, sont incapables de fermer leur grande bouche. Ils le devraient pourtant, tant leurs déclarations de fiers-à-bras sentent la trouille.

Une halte, la dernière avant de pénétrer sur le terrain. L'autre équipe doit être en place parce que la foule est déchaînée. Orglo-coach beugle toujours, mais plus personne ne l'écoute.

J'ouvre les yeux, j'y suis bien obligé…

Tout ce que je vois, en premier, ce sont mes coéquipiers. Quatorze types, pour la plupart humains, qui dépassent les deux mètres dix. J'entraperçois aussi Splinto, un gnome tout comme moi, posté de l'autre côté. Il a l'air terrorisé. J'imagine que je dois avoir la même tête que lui. Après tout, en dehors du ballon, les plus petits êtres vivants sur ce terrain, c'est nous : un mètre quarante à peine !

Je lui souris, mais il détourne le regard. L'un et l'autre, nous savons ce que nous risquons. Ailier ou

demi de mêlée, tout ce qu'on nous demande, c'est de courir vite et d'avoir l'œil aussi agile que le pied. On n'est pas là pour bloquer.

Le problème c'est qu'en face…

En face, se tiennent nos adversaires, les fameux All Giants : six trolls, deux ogres et une dizaine de créatures hybrides, mélange d'humains, de gobelins, de trolls, et de morts-vivants sans doute issus de la sorcellerie.

Les arbitres, trois chevaliers de haut rang si j'en crois les blasons affichés sur leurs armures, nous invitent à leur serrer la main. Aucun de nos adversaires ne mesure moins de deux mètres cinquante. Même Smoiler, le plus grand de notre équipe, est obligé de lever les yeux pour les regarder. Quand arrive mon tour, je lis clairement leur amusement. L'un d'eux esquisse même une révérence en s'inclinant.

Pourtant, en général, on me respecte. On connaît ma valeur qui ne se juge pas à ma taille. Mais pas ceux-là. Ils viennent d'une autre contrée où les règles de l'héroïc-rugby ne sont pas tout à fait les mêmes. Chez eux, des joueurs meurent sur le terrain.

– T'as vu ? Ils sont là pour nous démolir, pour nous casser, pas pour jouer ! murmure dans un souffle Splinto.

– Tais-toi. Pour nous, ça ne change rien. On les traverse, on évite leur plaquage et on marque. C'est tout ce qu'on attend de nous.

J'ai répondu un peu méchamment pour montrer que tout cela ne m'atteignait pas. Mais Splinto se marre carrément.

– Fais ton fier, Plooka. Attends que l'un d'entre eux t'attrape…

Je hausse les épaules.

Les hymnes sont massacrés par la fanfare royale et sifflés par le public. Même l'intervention des soldats dans les gradins n'y change rien. J'en ai mal aux oreilles. J'ai hâte que ça commence, qu'on en finisse, qu'on se prenne notre raclée – sans y laisser notre peau – et qu'on rentre à la maison.

Les arbitres tirent au sort le côté du terrain et l'engagement. Pendant ce temps, je m'échauffe : je cours, je m'étire, je ferme les yeux, je cherche ma concentration. J'ai peur… C'est alors que je commets l'erreur.

Je voulais l'éviter, du moins avant le coup d'envoi. Une fois le match lancé, j'aurais pu me concentrer sur mes attaques, sur les défenseurs, sur les propos du coach, sur les hurlements du public… Bref sur n'importe quoi. Mais pas sur lui !

Par inattention, je suis passé juste à côté de lui et j'ai croisé son regard. Jamais vu quelque chose d'aussi malsain, d'aussi glauque. Je sais qu'il y a lu ma peur. Il me sourit. Il ne me lâchera pas.

Une bourrade de Purch m'envoie quasiment bouler.

– Oh ! tu rêves ou quoi ?

– Purch, t'as vu la tête de la balle ?

Purch est moins sensible que moi à l'apparence des gens, sans doute en raison de sa carrure. Il se sent protégé. Il jette un coup d'œil méprisant au ballon.

– Pff… de la raclure ! Il chantera autrement une fois qu'on le bottera.

Et il part en crachant.

Oh Purch ! pourquoi as-tu dit cela ? Le ballon t'a entendu mon vieux et il a pouffé.

La rencontre va commencer. Je gagne ma position, sur la gauche du terrain, en courant. Ma nuque est brûlante. Ce salopard de ballon ne me quitte pas du regard.

Je sens que je ne vais pas terminer ce match.

Tout cela est une erreur… depuis le début.

All Giants contre Ost-Beltaïre

Contre nous, la meilleure équipe du continent zûn, la meilleure de l'hémisphère ouest. Elle n'a qu'un seul inconvénient, celui de n'être qu'une équipe d'amateurs. Des costauds organisés, durs à jouer… mais amateurs.

Nos règles sont simples : ce sont celles de l'héroïc-rugby. Un sport viril, rugueux, brutal parfois violent, mais néanmoins courtois et soucieux de quelques principes de base comme le respect de l'adversaire ou le changement d'un joueur lors de blessures sérieuses. Car il nous arrive parfois de finir en sang, rien de plus de grave que des écorchures, un froissage de muscles…

Les All Giants pratiquent ce sport différemment. Le port d'armes – hache, masse, etc. – est souvent permis, la charge contre les non-porteurs du ballon aussi. Certes, le remplacement est autorisé, mais uniquement en cas de décès sur le terrain. Quant au respect de l'adversaire, il tient dans leur devise : « Un bon ennemi est un ennemi qui meurt vite. »

Le match est totalement déséquilibré, nous allons perdre et sans doute y laisser la vie. C'est bien dommage, car le contrat passé avec le roi sorcier zûn Erzech-Ûl stipule que le vainqueur pourra imposer ses propres règles de jeu à l'ensemble des championnats de l'univers.

Ils sont nombreux, dans l'héroïc-rugby mondial, à souhaiter notre victoire.

Sur le banc de touche, Orglo-coach continue à prodiguer des encouragements. Il arroserait un rocher pour le faire pousser que cela aurait autant d'effet : nous sommes paralysés. Les All Giants le savent, le public aussi.

Si nous perdons, l'héroïc-rugby honnira notre équipe à jamais.

Engagement

L'arbitre frappe le gong : le coup d'envoi est donné. Un troll ajuste sa frappe et le ballon, dans un hurlement de douleur, part en chandelle. Le match est lancé. Les vociférations du stade zûn redoublent.

À la récupération : Furlich, un gars plutôt gentil pour un bûcheron (sa profession dans le civil). Il stoppe de volée. Les deux trolls et l'ogre, qui suivaient la trajectoire du ballon, ne s'arrêtent pas.

Furlich les encaisse de plein fouet, décolle et atterrit trois mètres plus loin.

La balle lui échappe et tente de rouler en touche pour gagner quelques secondes de répit. Mais Smoiler ne le lui permet pas : il l'empoigne et dégage très vite devant, évitant de justesse la charge d'un ogre. De rage, celui-ci laisse traîner son poing quelque part au niveau du nez de Smoiler. Craquement, jet de sang. L'arbitre ne gongue pas, car chaque équipe suit ses propres règles : l'ogre zûn était donc dans son droit. À la limite, il a été sympa de ne pas décapiter Smoiler !

Le ballon est enfin sorti en touche. Il cherche désespérément à franchir les barbelés pour s'échapper au milieu de spectateurs qui, morts de rire, s'en emparent. Sous les quolibets, il est renvoyé sur le terrain.

Je suis blême, mes jambes ont du mal à me porter. Sous l'effet du vent, les fumées des gradins sont déviées sur le terrain. L'odeur charriée est exécrable : ça sent la charogne cuite. Ces Zûns sont proprement détestables !

Smoiler reprend sa place, une énorme marque rouge au milieu du visage. Furlich, lui, ne bouge toujours pas.

Arrêt de jeu

Orglo-coach dépêche les soigneurs.

Le public hurle de rage, le match vient à peine de

commencer et déjà une interruption ! Le bouclier magique antiprojectiles, tendu au dessus du terrain, vibre : on distingue même une hache à double lame s'y dissoudre ! Quel enfer…

On s'agite tout près de Furlich. L'éponge hurleuse, l'eau de gel bouillant, le tri-massage des nerfs cérébraux… rien n'y fait. Orglo-coach, le visage décomposé, doit se résoudre à le sortir. Il adresse un signe à l'équipe médicale du stade. Les grands lézards à deux pattes interviennent rapidement : ils se saisissent du corps de Furlich avec une promptitude surnaturelle.

Je croise le regard de Purch. Ni lui, ni moi, n'apprécions les mouvements spasmodiques de la langue des infirmiers. Et même si Orglo-coach a imposé de repartir avec les corps de nos blessés, ici, en plein territoire zûn, il semble ne pas y avoir de règles.

Furlich et ses soigneurs disparaissent dans les profondeurs du stade. J'aurais aimé lui dire au revoir. J'aurais surtout aimé ramener à sa copine Quarra – une gamine naine de soixante-huit ans, super douce –, une autre image que celle-ci. La mort de son amoureux va la faire souffrir. D'autant que Furlich ne voulait pas jouer ce match et que c'est Quarra qui l'a encouragé.

Maët, un grand elfe aux cheveux raz, entre sur le terrain. Je l'aime bien. Il est ni le meilleur joueur de l'équipe, ni le plus rapide, mais la fatigue n'a pas de prise sur lui et il ne connaît jamais de baisse de moral. Maët nous réunit autour de lui malgré l'arbitre qui nous tance. Il ne nous dit rien de spécial. On passe juste nos bras sous ceux des autres pour sentir que tout le monde est là, pour percevoir la confiance qui nous lie.

Pendant un tout petit instant, plus rien ne filtre de l'extérieur : ni les quolibets du public, ni la peur, ni les insultes de nos adversaires. On est en famille, on retrouve un semblant de couleur.

L'arbitre met fin à notre petite récréation. Il vient chercher Moxat, notre capitaine, et sort un carton jaune qui brame « Dix minutes dehors ! » en se collant au mollet de Moxat.

– Désolé, vous prenez trop de temps, lâche l'arbitre, le regard gêné. C'est de l'antijeu caractérisé.

Le public explose de joie. Nous, nous avons la confirmation de l'une de nos craintes en arrivant dans ce stade zûn : l'arbitre joue contre nous.

Il gongue, le match recommence enfin. Le ballon, hurlant de rage, est ramené au point de sa sortie. Les All Giants récupèrent la touche...

25e minute de jeu

Nous avons 44 points dans la vue, un résultat correct compte tenu du match que nous fournissons : nous ne touchons pas la balle ! Enfin si, au moment d'engager, après chaque essai encaissé.

Je ne suis pas celui qui souffre le plus. En tant qu'ailier, je ne sers à rien dans ce match, je ne reçois aucun ballon ! Je cours et me contente d'éviter les coups que tentent de me donner les Zûns, ce qui est assez facile car ils sont lourds et lents, là où je suis léger, agile et rapide.

Podarloët est tombé vaillamment et a fini par rejoindre Furlich, quelque part dans ce souterrain maudit. Pourtant, nos lignes arrière tiennent bon. Elles sont littéralement transpercées par les charges des trolls, renversées par les coups de pieds, de têtes, de poings et d'épaules des ogres, elles prennent l'eau mais tiennent bon. Loin de nous sauver, nous faisons face aux All Giants, et nous en sommes les premiers étonnés.

Une défaite, ce serait aussi simple que cela : ne rien tenter, ou faire semblant de courir après un ballon qui nous fuit et des adversaires qui veulent notre peau. Seul Orglo-coach ne s'y résout pas. Il est en train de devenir bleu de colère.

Mais qu'y pouvons-nous ?

34e minute de jeu

Sur la première erreur de jeu de nos adversaires, nous récupérons le ballon pour une mêlée. En fait, devant leurs faces hilares, je comprends qu'ils ont provoqué l'en-avant. Ils alignent leurs piliers trolls avec, au centre, les trois ogres. Un pack qui approche les trois mille cinq cents kilos contre à peine sept cents de notre côté. Pirster, Foens et Soël – les joueurs qui seront au contact des trois ogres – sont blêmes. Ils vont être broyés…

Les bras s'entrecroisent. L'arbitre explique que la mêlée débutera au coup de gong. Je saisis alors le ballon, prêt à l'introduire sous le chapiteau humain, mais celui-ci tente de me mordre. Je le place la tête en bas, juste au-dessus de mon pied, histoire qu'il comprenne que s'il ne se calme pas...

Coup de gong. Les deux packs prennent leur souffle. Au ralenti, je les vois se heurter. Halètements, coups, cris de douleurs : les bruits sont terribles. Soël hurle, quelqu'un est en train de lui démolir l'épaule.

Sans trop me poser de questions, j'introduis le ballon au centre de la mêlée, autant écourter la souffrance de mes avants. Je m'écarte précipitamment pour éviter d'être pris dans la brusque poussée du pack adverse.

Le nôtre est balayé, renversé, piétiné...

Dans l'indescriptible cohue qui suit, personne ne remarque que le ballon a miraculeusement trouvé le moyen d'échapper à toutes les mains avides et qu'il me fonce dessus. La plupart des joueurs sont à terre. Devant, j'aperçois un espace entre les deux trolls ; à droite et à gauche, trois lourdauds incapables de m'arrêter.

J'attrape le ballon qui laisse entendre un gémissement de désespoir. L'instant d'après, c'est moi qui hurle. Ce salopard m'a planté ses dents en pleine paume ! Je secoue vivement la main en hurlant :

– Lâche-moi !

– Gnnnnn !

Mais l'enragé s'accroche de toutes ses forces. Du sang gicle sous la pression. La douleur est insuppor-

table, il va me dévorer la main! Les trois zombies adverses ont compris ce qui se passait. Morts de rire, ils se dirigent tranquillement vers moi. Je n'ai pas le choix.

Le ballon toujours accroché à ma main, je prends mon élan et, en quatre pas, décroche les arrières. Quitte à avoir la balle, autant la porter le plus loin possible et pourquoi ne pas... marquer?

J'ai mal mais je suis grisé. Pour la première fois dans ce match, nous allons franchir leur ligne des 22. Les All Giants comprennent enfin que je cours vite et que je marquerai avant que le ballon ne me dévore. La chasse est lancée...

J'évite facilement le gros troll qui tente de m'intercepter. Il écarte ses bras, mais je n'ai qu'à me baisser.

Au passage, je tends mon poing armé du ballon. Il se le prend en pleine figure.

Je poursuis ma course sous les cris de la foule stupéfaite. Tous sont loin derrière, presque au centre du terrain. Parvenu entre les poteaux, je me jette lourdement au sol et aplatis le ballon. J'ai marqué.

Je m'en fiche, j'ai… trop mal !

– Aidez-moi !

J'aplatis de nouveau le forcené, tente de le dégager de mon autre main… en vain. Je me mets à le frapper. Il ne me lâche toujours pas. Je me tords de douleur.

– Aidez-moi ! Il est en train de me dévorer !

Je suis sur le point de m'évanouir tant la douleur est terrible. Curieusement, l'aide vient du troll que j'ai dépassé.

– Attends, petit gars, tu sais pas t'y prendre.

Il saisit le ballon entre ses deux mains et appuie. La pression ne semble pas très forte, pourtant celui-ci explose ! Le sang gicle. La tension sur les nerfs de ma main s'atténue aussitôt. Malade de douleurs et d'horreur, je tourne à moitié de l'œil.

Mes compagnons arrivent enfin et me portent en triomphe.

Pendant que je suis soigné sur le banc de touche, Splinto transforme l'essai. Je hurle de joie. Pas pour longtemps : dans les dernières minutes de la première mi-temps, les All Giants nous plantent encore cinq essais et finissent de démolir Soël.

Mi-temps

– Vous savez quoi les gars ? On est forts. On est forts parce qu'on sait s'adapter. C'est le propre des bonnes équipes : s'adapter au jeu de l'adversaire et le retourner contre lui. Et on va les retourner contre eux-mêmes, les gars. On va les piler. On va leur coller une raclée, ils ne vont pas comprendre !

On se regarde tous, ahuris. Splinto brise le silence, en éclatant de rire :

– C'est vrai qu'on a toutes nos chances. Si on étudie nos stat, on a 100 % de réussite : une attaque = un essai !

Tout le monde s'esclaffe. Pas Orglo.

Je prends la parole, l'air de rien.

– Euh… Orglo ?

Son air agressif n'est pas très encourageant.

– Quoi ? Toi aussi, tu te marres quand je parle stratégie ?

– Non, c'est juste que… tu proposes de les battre à leur propre jeu. Personnellement, en tant que gnome, je pèse cinquante kilos et, contre un ogre de trois cent quarante, je ne fais pas le poids. Même si je lui décoche un coup de pied dans le tibia, au mieux, je lui arrache deux poils ! Tu comprends ?

Ma sortie a au moins le mérite de faire rigoler tous les gars.

– Et pourquoi pas, si t'y mets les dents ? s'esclaffe Smoiler, un large pansement étalé à la place de son nez.

– VIVE PLOOKA, L'AMI DES BALLONS !

– Hé, la prochaine fois, prends des gants avec lui ! Parle-lui gentiment, après tout, il avait juste faim.

La référence à ma morsure finit d'écrouler de rire tout le vestiaire. Sauf Orglo.

– SILENCE !

Orglo-coach l'obtient dans l'instant.

– J'ai dit qu'on allait les battre sur leur propre terrain avec leurs propres règles. Pas difficile, vous allez apprendre à jouer comme eux.

Pour le coup, on reste sans voix.

– Flippez pas les gars, vous comprendrez quand vous serez sur le terrain. Continuez à faire ce que vous savez faire.

Outche ! je n'aime pas ça. Moi, j'aime bien savoir où je mets les pieds. Je veux bien entrer sur le terrain en étant mené 132 à 6 face à une équipe de tueurs, à condition qu'on m'explique comment faire pour survivre.

Mais Orglo-coach ne lâche rien. Son œil droit brille, signe qu'il est sûr de son coup. Il en aurait presque l'air heureux, malgré le score, malgré nos trois morts, malgré l'endroit et le fait que, même si nous battons les All Giants, le roi sorcier Erzech-Ûl ne nous laissera sans doute pas repartir d'ici vivants.

En rentrant sur le terrain, nous comprenons tout de suite que nos adversaires ont eux aussi changé de stratégie. En tout cas, ils veulent hausser le niveau de jeu, ça se voit clairement aux armes qu'ils tiennent maintenant dans leurs mains. Chacun de leurs zombies brandit une machette à rasoirs tournoyants, les ogres ont récupéré des massues cloutées et les trolls, l'air satisfait, portent des armes inconnues, mélange de hache et de hallebarde.

– Parfait, s'esclaffe Orglo-coach, parfait !

Et de répéter…

– Pas de souci les gars, continuez à jouer comme avant.

Cette fois-ci, on se regarde vraiment atterrés : il a perdu la tête.

– Ils l'ont drogué ou quoi ? murmure Splinto.

– Je penche plutôt pour un sort, réponds-je.

Quoi qu'il en soit, le résultat est le même : il semblerait que nous n'ayons plus de coach, que nous sommes livrés à nous-mêmes.

Début de la seconde période

Le ballon, un nouveau qui a l'air un peu emprunté, circule plutôt bien. Nous n'avançons pas, mais nous nous le transmettons correctement en restant loin des armes des Zûns.

Les All Giants nous attendent sur leur terrain. Nous, nous restons dans le nôtre. Après tout, s'ils veulent notre peau, ils n'ont qu'à se montrer offensifs. Après quelques minutes, le public finit par s'échauffer sérieusement.

Leurs zombies d'attaque finissent par s'avancer, les rasoirs sifflant sinistrement au bout des armes effilées. Intimidé, le ballon échoue dans les bras de Splinto qui s'élance, manquant effleurer une lame.

Nous nous regardons et nous précipitons derrière lui : s'il y va seul, il va finir découpé.

Smoiler et Foens s'engagent. Le ballon leur échoit. Malgré l'étonnante maladresse des All Giants avec leurs armes, Foens est touché au bras par un coup de machette. La blessure est spectaculaire pourtant, notre première ligne réussit à relancer, avant de rejoindre nos soigneurs sur le banc de touche.

La balle continue à circuler. Elle chante, sans doute pour masquer son effroi. Nos passes sont fluides comme à l'entraînement et... on avance ! C'est la première fois que nous construisons vraiment une attaque dans un joli mouvement de jeu. Pas comme tout à l'heure, quand je cavalais comme un dératé, fou de douleurs. Et c'est aussi la première fois que nous portons la balle aussi loin dans le camp adverse.

Splinto a de nouveau le ballon en main. J'ai du mal à comprendre ce que font les Giants. Pourquoi laissent-ils le gnome agir à sa guise ? Un troll lève sa “hachebarde”. Trop lent... lorsque l'arme retombe, le cou de Splinto se trouve déjà de l'autre côté !

Et c'est alors qu'un grand silence se fait dans le stade. Splinto est allongé sur le sol. Je ne comprends pas tout de suite qu'il est couché sur le ballon dans la ligne d'en-but, qu'on vient de marquer. Purch me prends dans ses bras et me jette en l'air.

– Eh ! Plooka, Orglo-coach n'est pas fou... Il a bel et bien ralenti ces saligauds de Giants.

Ralenti ? Soudain, la lumière se fait dans mon cerveau : Orglo a usé de magie. Un petit sortilège de rien du tout, quasiment indétectable, un bon vieux sort de ralentissement. Sacré Orglo-coach ! Voilà la nouvelle orientation de notre jeu. Nous, nous continuons à pratiquer notre héroïc-rugby ; lui, du banc de touche, il l'améliore, il l'embellit.

Il se sert des propres règles des Zûns – où tout est permis ! –, de façon plus pacifique.

Lors de la tentative de transformation de l'essai, le ballon frappé par Splinto s'élève bien droit et file entre les poteaux. Tous, au même moment, nous remarquons un étrange nuage noir qui se déploie entre les deux barres… comme une toile d'araignée parcourue de décharges électriques. Le but adverse se soustrait peu à peu à la vue des joueurs et du public.

Le ballon, lui, a compris. Il s'arrête, oscille à droite, à gauche, pris d'un doute.

– Vas-y, fonce, ce n'est qu'un orage ! mentis-je.

Un vrai nuage d'orage ne se produit pas de cette manière, il s'agit sûrement de la magie zûne.

Tout le monde reste figé, le nez en l'air, surpris par cette interruption de jeu peu commune. Le ballon, vraiment effrayé, tente de contourner le poteau. Mais les mains d'Orglo-coach s'agitent et, avec un sort de persuasion, il l'encourage à poursuivre sa course.

Tout doucement, celui-ci reprend sa trajectoire, franchit les poteaux. Au moment où l'arbitre s'apprête à nous accorder la transformation, un éclair jaillit du magma noir, transperce le ballon en deux : le malheureux explose et tombe en miettes juste devant les poteaux.

Dommage, il était plutôt gentil ce ballon!

Nous n'avons pas le temps de faire éclater notre colère. Sur la touche, l'entraîneur zûn est mort de rire: le nuage qu'il a provoqué parcourt maintenant le terrain en balançant des éclairs sur nos joueurs. Orglo-coach doit faire appel à toute sa science pour déclencher un puissant souffle d'air et disperser le nuage d'orage.

70e minute

Depuis dix minutes, à l'autre bout du terrain, la flamme d'un dragon de combat balaye tout un pan des gradins, calcine l'herbe, noirçit la terre sur une large bande. Trois zombies s'effondrent, touchés par le souffle. La bête, invoquée par le roi sorcier Erzech-Ûl, a perdu la tête lorsqu'Orglo-coach a essayé d'en prendre le contrôle. Et pour l'instant, elle cause plus de dégâts dans l'équipe adverse que dans la nôtre.

Profitant de la panique, les ballons de rechange parqués dans leur réserve risquent une évasion massive, en force. Trente ballons se répandent soudain, dans tous les sens. J'en vois même un qui tente de s'envoler par ses propres moyens.

76e minute

Cette rencontre ne ressemble plus à rien.

Orglo-coach, déchaîné, tente maintenant d'agir

directement sur le score, par le tableau d'affichage, en appelant des chiffres vivants. Nous étions menés 126 à 36 et passons soudain à 2 443, avant que l'entraîneur zûn ne ramène le score à 512 893 à 2.

Je suis assis sur le bord du terrain, avec Splinto. À vrai dire, nous rions beaucoup.

C'est du super spectacle ! Les trois trolls essayent de maintenir les zombies brûlés hors de portée du dragon : peine perdue. Il n'y a pas plus abruti qu'un zombie et ceux-là ne cessent de repartir à l'attaque tant qu'ils peuvent marcher.

À l'autre bout du terrain, nos elfes et leurs ogres discutent âprement pour savoir s'il faut poursuivre ce match.

L'un des arbitres adresse un signe de désolation vers la loge royale, là où Erzech-Ûl et sa cour suivent la rencontre, consternés. Il va stopper le match ! Enfin ! Nous nous regardons, le cœur gonflé d'espoir.

Une petite compagnie de gardes jaillit alors de la loge et descend jusqu'au banc de touche. L'arbitre qui a émis l'idée d'arrêter est mis à genoux. Des épées sont dégainées et le malheureux, transpercé, s'effondre.

Faut-il poursuivre le match ?

Le feu se répand parmi les gradins à demi effondrés, des combats ont lieu parmi le public, nos deux équipes sont décimées et, entre-temps, le score est revenu à 0-0. Les chiffres vivants se sont répandus dans les gradins.

Les deux arbitres survivants hésitent, finissent par

rassembler ce qui reste de nos équipes. Ils nous supplient, terrorisés, de finir le match. Ogres, trolls, elfes, humains, gnomes... nous haussons tous les épaules. Le gros troll qui a sauvé ma main rigole :

– Moi passer un bon moment. Bien vouloir continuer.

L'ogre à côté de lui a perdu un bras dans la bagarre avec le dragon.

– Si tu le permets, lourdaud, je ne passe pas un bon moment, et j'aimerais rentrer au vestiaire. Ce match... c'est n'importe quoi.

Nous acquiesçons vigoureusement à ces propos.

Sur le banc de touche, un nouvel éclat nous interrompt. Orglo-coach et l'entraîneur zûn en sont venus directement aux mains. Deux sorts de calcination subite fusent en même temps de leurs doigts. L'arbitre de touche, qui tentait de s'interposer, se retrouve pris entre les deux tirs. Il s'agite un instant comme sous l'effet d'une décharge, et tombe en cendres l'instant suivant.

Soudain, je sens le sol gronder sous mes pieds. Je n'ai pas le temps d'y accorder beaucoup d'attention car le gros troll a repris la parole.

– Moi, pas lourdaud, et vouloir continuer match, assure-t-il, en balançant sa “hachebarde” en travers de l'ogre qui l'avait contredit.

À cet instant, nous jugeons utile de nous retirer dans les vestiaires. Le grondement dans le sol s'est amplifié. Pétrifiés d'horreur, nous voyons le terrain se séparer en deux sous l'effet du tremblement de terre provoqué par la magie d'un des deux entraîneurs.

Nous nous enfuyons à travers les ruines du stade dévasté.

Le match a été interrompu, sans vainqueur ni vaincu. D'une certaine manière, nous avons gagné : les instances internationales de l'héroïc-rugby, au vu du match pitoyable qui s'est déroulé, ont décidé de ne rien changer aux bases de ce noble sport. Le rugby mondial continuera avec ses règles pacifiques et, comme auparavant, l'héroïc-rugby zûn – vicieux, meurtrier et inhumain – continuera à se pratiquer dans ses frontières.

Quant à nous, la Fédération internationale a décidé de punir les survivants de cette consternante prestation. Nous, les Ost-Beltaïre, avons été rétrogradés en troisième division... sur le continent zûn !

Ne pas ouvrir les yeux.
Ne pas voir avec qui je joue.
L'odeur des vestiaires est terrible…

Biographies

Biographie

Une passe difficile

de Pascale V d'Auria
illustré par Jean-Louis Marco

Pascale V d'Auria

Ancienne comédienne, Pascale V d'Auria découvre l'écriture à la naissance de son premier enfant. Deux autres suivront et les histoires s'enchaîneront. Elle publie plusieurs romans chez Magnard, écrit régulièrement des histoires pour différents magazines (Hachette, Milan, Bayard) et vient d'achever une série de nouvelles pour les éditions SEDRAP. Aujourd'hui elle se consacre à plein temps à son métier d'écrivain. Elle adore le dessin, le cinéma, le théâtre, les livres, les voyages, les saisons, le soleil et la pluie, le jour et la nuit, la chaleur et le froid... Et elle se demande fréquemment si elle aura assez d'une vie pour réaliser tous ses projets.

Biographie

Histoires fausses et vrai rugby !

de Nine Lescalet
illustré par David Revoy

Nine Lescalet

Petite, Nine Lescalet écoutait des histoires de lutins, de dame Blanche et de statues que lui racontait son grand-père, et restait des heures à observer les “inutiles objets utiles” que forgeait son père… le tout en grignotant les tartines à la confiture de prunes préparées par sa mère ! Le reste du temps, elle le passait à se battre avec ses deux sœurs. Depuis, cet univers magique ne l'a jamais quittée.

Biographie

Pour l'honneur

de Michaël Espinosa
illustré par Étienne Leroux

Michaël Espinosa

Enfant de la télévision et du cinéma, Michaël Espinosa aime naviguer à travers les images et rendre ces sensations enivrantes dans ses textes. Malgré une préférence pour les "mauvais" genres, comme la science-fiction, le fantastique et la fantasy, il ne dédaigne pas se frotter au policier, à l'aventure ainsi qu'à l'émotion "pur cour". Il travaille la journée auprès des enfants et, le soir, leur mitonne des histoires pour les faire rêver, les transporter dans des contrées lointaines qu'il aimait lui aussi parcourir quand il avait leur âge… et encore aujourd'hui.

Biographie

Un plan génial !

de Jean-Christophe Meunier
illustré par Alexandre Guillaume

Jean-Christophe Meunier

Passionné de lecture et de golf, Jean-Christophe Meunier aime écrire, faire la cuisine pour ses amis, s'occuper de ses bonzaïs, jouer au golf et aux échecs, et voir sa fille de 12 ans, Victoria, monter à cheval. Il exerce plusieurs activités (négociateur immobilier, journaliste de golf...).

Biographie

Le souffle du destin

de Johan Heliot
illustré par Dominique Rousseau

Johan Heliot

Il est né en Franche-Comté en 1970 et vit actuellement en Champagne, entouré de nombreux animaux. Après avoir enseigné le français, l'histoire et la géographie, il se consacre aujourd'hui entièrement à l'écriture, avec une prédilection pour la science-fiction et le fantastique : tout ce qui décolle de la réalité, pas assez fantaisiste à son goût…

Biographie

Héroïc-Rugby

d'Emmanuel Viau
illustré par David Revoy

Emmanuel Viau

Il se passionne pour la science-fiction, les jeux et la musique. Quand il ne lit pas, il est journaliste à *Je Bouquine* et écrit des histoires pour la jeunesse. Il signe notamment toute la collection d'aventures épiques « Tessa et Lomfor » chez Fleurus. Son rêve serait de jouer en concert sur la Lune, sur Mars ou même en dehors du système solaire…

Composition : IGS-CP
Achevé d'imprimer en février 2007
sur les presses de l'imprimerie Legoprint en Italie
N° d'édition : 93878